面白くない話事典

伊藤竣泰

飛鳥新社

はじめに

面白くない話とは何か

皆さん、はじめまして。〝面白くない話マニア〟伊藤竣泰です。

私は普段、東京都内で会社員をしながら、日常の中で聞こえてくる「面白くない話」を収集しています。面白くない話とは、皆さん耳慣れない言葉かもしれませんが、昼下がりのファミレスで、深夜の居酒屋でコンビニで、あるいは電車の中で聞き耳を立てずとも聞こえてきてしまう、「隣のヤツらの、めちゃくちゃつまらない話」のこと。

聞いているこちらのほうが恥ずかしくなってしまうような、思わず体が〝ゾワゾワッ〟としてしまうような共感性羞恥をかきたてられた経験や、「もう聞いちゃおれん！」と怒りにも似た気持ちになったサムい会話を耳にした経験、皆さんも一度や二度はきっとあると思います。

私は、自ら実際に街中で出会ったその面白くない話を文字にして、月に1、2回SNSに投稿したり時折テレビやラジオに出演することで、多くの人にその魅力を発信する活動を行っています。ここまで読んで、賢明な読者の皆さんにはお察し頂けたと思いますが、生まれてこの方、「性格良いね」と言われたことはありません。

この活動を始めるきっかけとなったのは、一番身近な人間――私の父が面白くない話を日夜垂れ流す人だったからです。

「どうして、この人はこんなに面白くない話を聞かせたがるのか？」

幼少期より少しずつ、怒りのような違和感のような感情を自分の中に溜め込んでいきました。ところが、大学、社会人へと進む中で、実は父のような面白くない話し手が世の中にはたくさんいるのだと気づくようになります。

私の中で違和感が興味に変わる、「面白くねぇなぁ……」と聞き流していただけの話が愛すべき収集対象変わるまでにそれほど時間はかかりませんでした。

以来、気づけば15年近く、面白くない話を探し回っています。

私が日々、集めている面白くない話には、ひとつだけ条件があります。

それは、話し手自身は「面白い」と思って喋ってるのに、聞き手、そして周りで聞かされている側からすると「まったく面白くない」ものに限るということ。

元々お喋りが苦手な人の会話や、ただ退屈なだけの話は対象としていません。つまり面白くない話とは、話し手が〝勘違い〟していなければいけない、ということです。この「私（の話）って面白いでしょ！」と勘違いながら喋っているという点が、私にとっては、とても不思議で興味をそそられるのです。

その勘違いは、ただの面白い話ではまず味わえない、小っ恥ずかしいゾワゾワ感を提供してくれます。不相応な振りかぶり、後先考えない無責任さが生み出すスリルを撒き散らしながら、どこにも存在しない視聴者を意識して、フルスイングで空振りする――コレ、素通りできますか？　できないでしょう？　親しい仲間や後輩に「シュールだね」や「カオスすね」などと甘やかされて、芽を出しぐんぐん伸びてきたそれは、「ちょっと笑いを取ろうとしてスベっただけ」「ちょっとしたディスコミュニケーション」とひと括りにするには、あまりにももったいない。それほどのエンターテイメント性は、なかなか自分1人で受け止めて処理するのは困難で、共感を求めて誰かに話さずにいられません。

さらに面白くない話のポイントをもうひとつ挙げるとするならば、面白くない話には必ずと言っていい程、〝不自然さ〟が存在するということでしょう。不自然に大きな声、不自然なアクセントやイントネーション、不自然な文脈や言いわけ、不自然な話題の独占——ありとあらゆる隙間に入り込んでいるのです。

　それでいてこの面白くない話はなかなかその〝尻尾〟を掴むのが難しいのです。面白くない話し手は、意識的にせよ無意識にせよ、とても用心深く狡猾で、周囲の人が指摘しづらい空気でしか行動に移しません。万が一、目撃できても絵に描いたようなスベり現場は、なかなか押さえられないのです。15年のキャリアのある私でも、面白さより面白くなさを伝えるほうが難しいことを日々痛感します。重ねてになりますが、私は生まれてこの方、「性格良いね」と言われたことはありません。

　そして、こうした面白くない話には、発生しやすい場所が存在します。

　発生しやすいとはすなわち、収集しやすい場所。人々がお喋りを目的に足を運ぶカフェやファミレス、そこにアルコールの力が加わる居酒屋は定番収集スポットです。ファミレスは、深夜やドリンクバーといった要素が掛け合わされると尚、期待値が上がります。先輩後輩という力関係が生まれやすい場所——大学キャンパスやバイト先や気持ちがどうしても浮ついてしまう花見会場やアミューズメント施設、開放感が油断を誘う温泉の露天風呂、一方的にイジれ反撃される恐れがない着ぐるみイベントや〝ペッパー君〟などの案内ロボットのいる空間……等々も見逃せないスポットです。

このような場所で面白くない話に遭遇すると、私は、あえてボイスレコーダーなどで録音はせず、スマホのメモアプリに文字を打ち込みながら、その場で「これは本当に面白くない話か？」と見極めながら記録するようにしています。話し手や相手の表情、身振り手振りといった現場情報も加味しながら、「どのレベルで面白いと自負してるのか？」など面白くない話を正しく評価するためです。

本書は、そんなふうにして私が10余年に渡って、ひとつひとつ拾い集めてきた面白くない話１４７エピソードを簡単な解説とともに収録しています。

１４７エピソードは、私の知人の精神科医にも協力を得て作成した、４つの面白くない〝型〟に分類しそれを章としてまとめました。面白くない話はまず、大きく「アピール」型と「集団没入」型の2タイプに分けられます。

アピール型とは、個人による知識、経歴、センス等をアピールしたいもの、集団没入型は話し手とその周囲の聞き手が所属する集団が持つ独自のノリや世界観によってもたらされるものが該当します。ま、簡単に言うと面白くないヤツが1人か複数かの違いです。

このアピール型と集団没入型は、さらに〝発言〟によって分けることができます。それが「不発」型と「ズレ」型のふたつ。不発型は、明らかに笑いを取ろうと意識して振りかぶるも失敗に終わったもの――つまりスベったしたものです。ズレ型は、話し手や聞き手の感性やユーモアセンスが、相手や周囲とズレていることに起因したもの。不発型と違い、大きな振りかぶりが無いことが特徴で、淡々としているぶん、周囲に怒りや羞恥心というよりも悲哀に近い心象を与えるものが該当します。

これらを組み合わせて、「アピール×不発」型、「アピール×ズレ」型、「集団没入×不発」型、「集団没入×ズレ」型に分類して紹介していきます。尚、収録されたエピソードに登場する人物は、すべて仮名です。何人か私の知人も出てきますが、仮名です。繰り返しになりますが、私は生まれてこの方、「性格良いね」と言われたことはありません。

ここまで読んでくださった読者の皆さんは、もう、身近にいる誰かの顔と話が浮かんでいるかも知れません。しかし、この本を読んだからといって「聞いていられないから」「直して欲しいから」「気づいて欲しいから」と、本人に軽々しく伝えていいものではありません。私は大学時代、所属していたサークルの代表に彼自身が繰り出した面白くない話を見せながら「代表、面白くないですよ」伝えたところ、サークルを出禁になりました。そうでなくとも、面白くない話は誰もがきっと無意識のうちにしてしまっているものであり、面白くない話し手には誰もがなりうるのです。実際に、私自身、収集の過程でいくつも〝ブーメラン〟が刺さりました。

本書を通じて、今笑っているあなたも面白くない話し手であることを知ってもらえたら、そして、「面白くない話は、面白い」ということを多くの人に知ってもらえたら、これ以上の喜びはありません。

面白くない話マニア　伊藤竣泰

1章 アピール×不発型の面白くない話

2章 アピール×ズレ型の面白くない話

3章 集団没入×不発型の面白くない話

4章 集団没入×ズレ型の面白くない話

1章

アピール×不発型

の面白くない話

上映前のスペシャルトークショー

2016年8月某日、午後3時頃。都内某所の映画館にて。メガヒット作品『君の名は。』を観にきていた20代の男女2人組である。だが〝カップル〟ではない。どうやらこの日が〝初2人っきりお出かけ〟のようだ。

男性「いや〜オレ、前さ、『言の葉の庭』の舞台になった公園行ってさ。あそこって実際のほうがさ〜（うんたらかんたら）……んで、何かオレも書きたくなっちゃったよね（笑）。読みたいよりも書きたいが先に来るっていうか（笑）。何も書いたことないのに、よ？（笑）」

女性「え？　でも鈴木さん、小説とか書けそうですよね。今日お話ししてて思いました」

男性「オレに小説書かせたら、多分バスケしか出てこないストーリーになるわ（笑）」

女性「でもスポーツが題材の小説なんて沢山あるし、身近なテーマからみんな書き出しますよ！」

男性「チームのエースとマネージャー入れ替わっちゃった的な？（笑）あ、それイケるかもな……！　ちょ、その気にさせないでさせないで（笑）。そのうち本当に書き始めちゃうからっ（笑）」

（…………）

男性「あと〝RAD〟も高校から聞いててさ〜、〝はい、見事に釣られました〟みたいな？」
女性「そっか、鈴木さんど真ん中の世代なんですね〜」
男性「まぁだから今日は、RADを映画館のスピーカーで浴びに来た感じもあるよね。てか、今のうちにポップコーンの味、嚙みしめとこ！」
女性「確かに……食べてる余裕ない映画とかありますもんね！」
男性「……あれ？？　それオレのと君のポップコーン入れ替わってない？（笑）」
女性「？？？」
男性「冗談よ冗談！　ウソだから（笑）、んな訳ないでしょ！（笑）ポップコーンの色見てみ？（笑笑）」
女性「あー……あはは（笑）」
男性「てか映画泥棒のあの動き、オレ超上手いよ？　大学の文化祭でも自分らで衣装作っ……」
女性「……あっ！　予告始まりますよ！」

▽▽▽好意を寄せる女性を前にした男性に、テンションを上げるなと言うのは無理な相談かもしれない。上映前の予告が始まる前の静かな時間が流れるシアター内で、男の声は明らかに必要以上に大きかった。「あ、この話、準備してきたんだ」と察してしまうと、その後の話にも常に薄らと付き纏い、聞いてるのが地味に辛くなる。短時間の間で詰め込まれたのなら尚更だ。この年下とおぼしき女性も聞き上手が故に、「今日お話ししてて思った」がとても自然な褒めゼリフとなって、男のトークにブーストを掛けてしまった。「小説を書こうと思えば書ける秘めたる才」「いい音楽はいい音で聞きたい本物志向」などハイスペック、ハイブランドで自分を大きく

見せようとするスタンスと噛み合ってより増幅されたことで、話題作を楽しみたい女性にとっては想定外の逆噴射だったかもしれない。これを〝初デート〟と思っていたのは、恐らく男性のほうだけだろう。面白くないレベル★★★★★

ピコンピコン聞こえる？

2018年12月某日、午後9時過ぎ。埼玉県内某所の繁華街にあるゲームセンターにて。20代半ばの男女2人である。食事を終えた流れで入ったのであろうゲームセンター、店内に置かれた1台のUFOキャッチャーを前に、男性がぬいぐるみを獲ろうとやけに張り切っているようだ。
（プレイ開始。キャッチできず）
男性「あれ？〝みがわり〟覚えてる？　このイーブイ（笑）」
女性「かなり手強そうですね、さすが人気者」
男性「ちょいと本気出しますか……！（腕捲りする）」
（5回目。キャッチできず）
男性「また〝でんこうせっか〟出してきたし……！（笑）」
女性「これって攻略の糸口とかあるんですかね？」
男性「まぁ〝状態異常〟にしてＨＰ削るってのが基本になってくるよね～」

女性「ゲームの話じゃないですか（笑）」
男性「いや、ここゲーセンだからっ！（笑） てか、財布のＨＰがだいぶ削られそうだな〜」

（10回目、キャッチできず）
男性「ちょっと〝ヨクアタール〟持ってきて（笑）。てか、わかる？ ヨクアタールとか」
女性「何だっけ？ タウリン的なヤツでしたっけ？」
男性「何その絶妙にわかってるようでわかってない感じ（笑）。やっぱ面白いねサキちゃん（笑笑）」
女性「それよりもう１５００円くらい使ってますよね？ 大丈夫ですか？？」
男性「いやだいぶ削られてるよ、バーが赤になってる。〝ピコンピコン〟鳴ってるよ（笑）。聞こえる？ 耳近づけてみ？？」
女性「……私には聞こえてこないですね（笑）」
男性「てか、このイーブイ、マジレベル高いな……いやっアマゾンで４０００円で売ってるやん！（笑）　どうりでこうなるワケだ、引き上げようう引き上げようっ！　オレらにはまだ早かった（笑）」

女性「貴重な体験させてもらいました！　ありがとうございますっ」

男性「どうする？　電車まだ時間あるし、〝達人〟的なヤツやってく？？」

▽▽▽思いついた例えを絶対に口にしないと死んでしまう人種が、この世には存在する。男性は終始、クレーンゲームとゲーム『ポケットモンスター』を混同させた冗談で、場を盛り上げようとしている。最初こそ女性もクレーンゲームへのワクワクからそのノリについていくが、男性のポケモン専門用語や冗談の畳み掛けに、心がついていけなくなっている。それを知ってか知らずか、男性は「〝ピコンピコン〟鳴ってるよ」と、冗談の範疇を超えてフィジカルバトルまで相手に要求。２人きりの状況で、とてもシビアな選択を突き付ける。面白くないレベル★★★☆☆

会話のイロハ

2022年1月某日、午後7時過ぎ。埼玉県内某所にあるスーパー銭湯の露天風呂にて。大学生とおぼしき10代後半の男性2人組である。湯舟の縁の岩に腰かけ恋愛経験に乏しい草食系男子からの相談に、友達が身振り手振りを交えながらアドバイスをする。

男性A「これ、オレが個人的にお前をディスる感じになるのイヤだから、お前の質問にあくまで答える形で言わせてもらうと、〝優しい〟と〝意思がない〟のは違うんだよ。お前って意志が正直全然ないっていうか」

男性B「いや、それ、ほかのヤツにも言われるんだけどまったくわかんなくてさ……」

男性A「例えば2人で出掛けて〝ご飯、何食べる？〟って話になるじゃん？　そん時、お前なんて答えるよ？」

男性B「えー……まぁ相手にもよるかもだけど、〝何でもいいよ〟って合わせに行くかなぁ？」

男性A「それなんだよ。〝何でもいいよ〟だと、なんつーのかなぁ……その、いい雰囲気になりようがねぇじゃん？」
男性B「あー……まぁわかんなくもない。いい雰囲気ね……なんかそれよく聞くけど難しいんだよなぁ」
男性A「まぁ例えばオレだったら、よ？　イタリアン行って〝ピザピザピザピザ……〟って10回クイズやって――」
男性B「うんうん」
男性A「いや、そこはツッコめツッコめ！（笑）そーゆーんだから彼女できないんだわ、お前。会話のイロハ学んで出直しなって」
男性B「いい雰囲気なぁ……」

▽▽▽男湯の露天風呂もまた危険だ。屋外の解放感、ほどよく他人にも聞こえる距離感によって、誰しも心に秘めている「アドバイスして気持ちよくなりたい」欲望が丸裸にされてしまう。優しいことと意志がないことの違いについて鋭く指摘した

までは良かったが、気持ち良くなり過ぎてしまったのか、はたまた彼一流の遊び心だったのか、唐突に10回クイズをぶっ込んでしまったことがアダになった。アドバイスを求めていたはずの草食系男子のほうが、そこから明らかに「自分で考えよ」モードに切り替わってしまい、慌ててリカバリーを試みたが失われた信頼はもう戻らない。彼自身が会話のイロハを学び直した方がいい、という皮肉な結果を生んだ。てか会話のイロハis何。　面白くないレベル ★★★☆☆

古巣の居心地

２０１９年７月某日、午後４時頃。埼玉県内某所にある『ドトール』にて。20代前半の先輩男性と20歳前後の後輩男女３人である。どうやら客として来店した先輩男性は社会人１年目で、この春まで学生として、この店でバイトをしていたらしい。

新人女性　「いらっしゃいませ！」
先輩　「おっすー、来ちゃった～」
新人女性　「？？？」
先輩　「あれ？　オレのこと知らない？（笑）」
新人女性　「す、すみません」
後輩男性　「この子、２週間前に入ったばっかなんですよ」
先輩　「そっか、オレ３月までここで働いててさ……てかまだ３か月か、やば（笑）。１年前くらいの感覚だわ、オレ」
後輩男性　「山田さん辞めてから、もう４人くらい新しく入りましたよ」

先輩　「マジか！　あの頃ヤバかったよね、色々（笑笑）」

（フードの受け渡し口にて）

先輩　「手間取ってる？　あーそれはね、そっち先にやっちゃうほうがラクだよ」

後輩女性「あ、ありがとうございます」

先輩　「てか、今日客多いね。オレ、ホール回ししちゃってもいいよ？　ぶっちゃけ」

後輩女性「だ、大丈夫です。手伝わせてしまうの申し訳ないですし……（笑）」

先輩　「遠慮しないでしないで。全然いけるから、今でも(その場で小ジャンプ)」

▽▽▽元バイト先はＯＢ、ＯＧといった先輩ポジション且つ、店員と客という絶対優位に立てるという「誰も自分に逆らう人がいない」危険な空間だ。当時の横並び

で仕事をしていた時の力量を一旦置いて、社会人という一段上のステータスで後輩とぶつかりながら、自分を知らない相手には通じない昔話をこれ見よがしに聞かせる。武勇伝未満のフワフワした話に謎の手応えを掴むことで、新社会人として会社で粉々にされてしまった自尊心の回復に勤しんでいるのかもしれない。フード受け渡し口で彼は思う。「この時間が一生続けばいいのに」と。後輩の対応が塩化する前に、帰ったほうがいい。面白くないレベル★★★★☆

心技体

2024年3月某日、午後2時頃。埼玉県内某所の老舗喫茶店にて。20代半ばの男性と20歳前後の女性の2人組である。どこか気だるそうなマスターに頼んだ飲み物を待つ間、男性が力強い身振り手振りを交えながら、女性に何かを語りかけている。

男性「スマホ見てるくらいなら、ミュージカル観たほうがいいよ。ある程度は自分を追い込まないと。オレ、研究室行く時いつも飲んでたっしょ？『レッドブル』。授けられたのは、無限大な夢のぎこちない翼だったワケさ、わかる？」

女性「ぎこちない翼……？　ですか？」

男性「……う〜ん、そうか」

（……………）

男性「……でさ、さすがにグーでぶん殴って突き飛ばしてやろうかと思って……

まぁケースバイケースだけどね、ぶっちゃけその辺は。だけどオレなんかは見えちゃうわけだから。こーゆーのを突き詰めてくと実はシンプルな話でさ、心技体になるんだよね」

女性「それならわかります！　学校の体育館に貼ってありました！」

男性「う〜ん？　う〜ん……その時の心技体とはまた違うんだよねぇ」

▽▽▽「アドバイス（説教）したい」「笑いを取りたい」「武勇伝を披露したい」の3大欲求すべてを満たそうとする男性に対して、女性は無意識にそれらをひとつずつ潰している。それが、「アドバイス→笑い」「武勇伝→アドバイス」と、それぞれ始めは強気に出てたものの終わりに急速に萎んでしまう、という展開を生み出した。前半はシンプルにアニメ『デジモンアドベンチャー』の主題歌（「ぎこちない翼」はその歌詞）が通じず不時着だが、後半は武勇を誇示した先の結果が、学校の体育館の光景という誰しもの通る道とイコールにされる屈辱を味わわされた。面白くないレベル★★★★☆

最強キャッチ軍団

2021年10月某日、午後8時頃。埼玉県内某所の飲み屋街にて。道行くサラリーマンや学生に声掛けをする20代男性の〝キャッチ〟2人組である。ところがどうしたことか、そのうちの1人が強烈な腹痛に襲われているようだ。そんな相方を心配するもう1人のキャッチは、何故か突如として謎の〝強迫観念〟に襲われてしまった。

先輩「腹痛ぁ〜……マジで、今日ちょっと無理かも……」
後輩「大丈夫すか？　結構ヤバそうすね、ガチなヤツすか？　ガチなヤツ？」
先輩「いやガチだって見りゃわかんだろ（笑）。昼の弁当が当たったクサいんだよな、あぁ〜マジしくった」
後輩「ケバブ買ってきましょうか？」
先輩「いや、死ぬわ（笑）」
後輩「ビッグマック買ってきましょうか？」
先輩「あのさ、リアルにポンポンペインなの、オレ今」

後輩「携帯ショップのバルーンアート、もらってきましょうか？」
先輩「……は？」
後輩「いや、元気出るかなって……風船」
先輩「何言ってんのか意味わかんないわ……（苦笑）」
後輩「あ！　あれか！　コンタクト買ってきましょうか？」
先輩「ごめん、マジで腹痛いから絡むのやめてもらっていい？」

▽▽▽腹痛に苦しむ相方を見るうちに、襲ってきたのは「話を盛り上げないといけない」という強迫観念だった。ユーモアを交えて相手を心配するのはとても難しい。笑いを取りにいこうとすると視野が狭まって、相手の状況を冷静に見ることができなくなるだけでなく、茶化すテンションのアクセルを一度踏んでしまうとなかなか戻せないからだ。もしかしたら、この男は、真面目なトーンの会話に自信がなかっただけなのかもしれない。それゆえに、とりあえず大喜利的に視界に入ったものを次々にボケとして無理に入れて誤魔化したのか。初めはカラ元気だったが相手には

一切ハマらず次第に自信を無くしシュンと萎んでいく様子が手に取るようにわかる。最後も迷った挙句、それまでと同じように「コンタクト」とボケたのは、「先輩、もう無理です」というサインにも思える。面白くないレベル★★★★☆

ガム中華

2022年9月某日、午後1時頃。埼玉県内某所にある町中華にて。20代半ば〜後半の男性サラリーマン3人組である。昼休憩、先輩社員2人と後輩社員1人で連れだって美味しいランチに舌鼓を打つ……はずが、先輩社員の1人は、その後輩社員が引き起こしたという面白エピソードを話したくて話したくて仕方ない。

先輩A「昨日の会議さ、ガム嚙んでる課長いんじゃん？　いつもの3倍不機嫌でさ」
後輩「またその話すか、もういいすよ〜……」
先輩A「コイツ、時間ジャストよりちょっと遅れて来て、遅れた理由詰められた時さ、何て返したと思う？　マジ笑ったんだけど（笑）」
先輩B「真面目な会議だろ？　アレ。そんな笑う空気になるか？」
先輩A「いやコイツはやっぱひと味違ったわ、オレが目を付けただけあった。ほんで理由詰められてコイツが〜……ほら！　言えって、自分で」

後輩「えぇ……何でしたっけ？　美味そうな匂いで頭働いてないな、何でしたっけ？」
先輩B「(料理が来る) 美味そ！」
後輩「(料理が来る) 熱いすかねっ！」
先輩A「〝捨て紙、捨ててました〟だぜ？ (笑)」
先輩B「いただきま〜す！」
後輩「話の途中で失礼します！　いただきます！」

▽▽▽なかなか狡猾である。自ら話のさわりだけを話して散々ハードルを上げた後、オチは後輩に再現させることで、万が一スベっても他責にできる、という構造になっている。話自体に派手さはないが、中身は保身と過信とで相当な気合いが見て取れる。会社員の昼休憩は一見、平和な憩いの時間だが、頼んだ料理が届くまでの時間と空間では、気遣いとウザったさが絡み合う、やや殺伐とした独特な会話が繰り広げられていることが少なくない。面白くないレベル★★★★☆

ノーヒント

2023年8月某日、午後7時過ぎ。埼玉県内にある私鉄某駅の駅前ロータリーにて。30代前半の先輩男性1人と20代前半の後輩男性2人である。先にロータリーに到着していた後輩達に、少し遅れて合流した先輩が〝先輩風〟を吹かせ始めた。

後輩Ａ「おざっす」
後輩Ｂ「お疲れっす」
先輩「10月８日（ドヤァ）」
後輩Ａ「？？」
後輩Ｂ「……え？」
先輩「10月８日、日曜日（ドヤァ）」
後輩Ｂ「10月８日？……え、何かありましたっけ？」
後輩Ａ「あれ？　予定も……入れてないすね、特に」
先輩「10月８日だよ、わかんないの？」

後輩A「すみません、ちょっと……（苦笑）」
後輩B「すんません、教えてもらってもいいすか？」
先輩「高橋（この場にいない人）、〝サバゲー〟デビュー戦だよ！　あれ？　知らないのぉ？？（２人を指差しながら）」
後輩B「ごめんなさい、ちょっと僕らまで情報来てなかったですね（苦笑）」

▽▽▽ちょっと何言ってるかわからない。恐らく重要ではないことを、さも重要かの様に扱うことが笑いのポイントだったのだろう。それを出会い頭で放つことによって、呆気にとられた聞き手から会話の主導権どころか全権限を奪い去って、反撃される隙を一分もなくしている。だがタイミング自体はかなり保険を掛けた状態になっていて、先輩の心の弱さが透けてしまっている。面白くないレベル★★★★☆

フジロックは2回ある

2023年7月某日、午後7時頃。都内を走行中のJR電車内にて。仕事帰りの40代男性・早乙女先輩と20代後輩男性2人の3人組である。夏らしい話題で盛り上がっていたようだが、何やら急に雲行きが怪しくなる。

早乙女　「2人はフェスとか行かないの？　今年」
後輩A　「基本そーゆーの行かないっすねー、自分」
後輩B　「僕もです。でも1回くらい行っときたい気持ちはあります」
早乙女　「いやお前は行ったろ、この前。フジロック」
後輩B　「え？？　てかフジロック自体、今年まだですよ。これからっすこれから」
早乙女　「あ、じゃあ今年は2回あるのかな？」
後輩A　「え？　早乙女さんの言ってるフジロックって何月すか？」
早乙女　「5月5月。なんならオレもいたよ？　1泊しただろ、〝藤田ロックフェスティバル〟」
後輩B　「え？　藤田さんのキャンプのことすか（笑）」

早乙女　「フジロックって言ったらそれしか知らないけど、オレ……まだほかにあんの？　フジロック」

A&B　「…………」

（早乙女が下車。車内に後輩2人が残る）

後輩B　「……オレ、あーゆーのいちいち気になっちゃうんだよな……」
後輩A　「わかる。サム過ぎてナーバスになる」
後輩B　「あの人が出ろよな、フジロック」
後輩A　「何で出んの？」
後輩B　「えー……？」
後輩A　「……ヤバいの思いついた!!　ゲスの極み早乙女（笑笑）」
後輩B　「（大爆笑）」

▽▽▽この話は前後半2部構成だ。前半の主役は言うまでもなく早乙女である。恐らく早乙女の一番の目的は、ユーモアという武器をチラつかせて後輩を従わせるということだろう。だが今時のZ世代は、この程度では従わせられない。「え？　藤田さんのキャンプのことすか」と、早乙女が用意していたオチに最速でヒットさせることで、つまらない蛇足や引き伸ばしを避けた――かに見えたが、彼らを待っていたのは、「まだほかにあんの？　フジロック」とハラスメントに近い詰め寄りだった。早乙女自身は、次の駅で降車して逃げられるという前提が確定していたからこその、自爆テロだ。面白くないレベル★★★★★

▽▽▽早乙女の降車後に後輩が放った「いちいち気になっちゃう」という言い回しに、早乙女に対する彼らの評価が表れている。「本来は気にならない」「普段なら気にも留めない」くらいの先輩ということを意味している。その中で飛び出した「ゲスの極み早乙女」は自分達の方が面白いことを証明する会心の一撃だったに違いない。彼らにとっては。早乙女効果でハードルが下がり切っていたせいで、面白くない話が面白くない話を生んだ非常に珍しいパターン。面白くないレベル★★★★☆

地獄のハンバーガー

２０１９年９月某日、午後７時頃。都内某所にある個人経営のハンバーガーショップにて。40代前半の男性店長と、その知り合いと思われる30代前半の男性、20代前半の男性と女性の３人組である。客である３人は先輩後輩の関係であるらしく、店長を交えて、４人で親し気に談笑中である。

（注文時）
先輩「コイツ22なんすけど、高校卒業してから彼女いないんだよ、ヤバイですよね？」
店長「え？　チューしたいって思う時とかないの？」
後輩「……いやぁ、まぁなくもないっすけど」
店長「なんならオレするよ？　まぁこれでもサービス業だからさ、お客様が望むものは提供したいじゃん？」
後輩「……は、ははは（空笑い）」

（食事時）
店長「どう？」
後輩「めっちゃジューシーで美味しいです！」
店長「味濃かった？　気持ち入れ過ぎちゃったかも(笑)。オレも長いからさ、サービス業として。職業病になっちゃってるのよ（笑笑）」

▽▽▽ホモソーシャル上の人生の先輩という上からのポジションに、下からのおもてなしの心を掛け合わせたタチの悪い挟み撃ちだ。〝味〟という人によって感じ方の変わるものにユーモアを絡ませ正当化を図っているが、彼にサービス精神は皆無である。面白くないレベル★★★★☆

閃いた

2023年7月某日、午後11時過ぎ。埼玉県内を走る私鉄の駅ホームにて。20代半ばの男性1人と女性2人の3人組である。終電も近くなってきた頃、激しいゲリラ雷雨の影響で電車が遅延。人々から発せられるイライラした空気が溜まったコンコース上で、それを逆なでするような大きな声が聞こえてきた。

女性A「うわ！　光った!!　雷とか久々見た～！」
女性B「連続して落ち過ぎじゃない？　さっきから」
男性「まぁまぁまぁまぁ落ち着こ？　雷が落ちてるってことは、誰かがアイデアを閃いた証拠だから。いいことよ」
女性B「は？？　誰でもいいけど迷惑だから。ソイツ、早く止めさせて」
女性A「ピカピカし過ぎなんだけどマジで」
男性「あ、今のオレだ、ごめん。ギャグ閃いて」
女性B「ギャグ？」
・・・・
男性「テンサイとは99％の努力と……1％の雷だ」

女性B「え？」
男性「〝テンサイ〟って災害の方の〝天災〟ね」
女性B「いや、そうだとしても……え？」
男性「え？？」
女性A「また光った！　次のギャグ次のギャグ！」
男性「いや、え？？」
女性B「え？　やんないの？」

▽▽▽面白くない話し手は、逃げ道を塞がれ追い詰められることもある。男性は決してギャグ100連発をするつもりなどなく、ユーモアでこの場を和ませたかっただけ。だが悲しいかな、笑いのレベルがそこまで達していなかった。「意味が伝われば、ちゃんとウケる」と誤解、過信したことで傷口を広げ、女性Aからの無邪気なギャグ要求コールの直撃で黒焦げにされてしまった。男性が〝お笑いイップス〟になっていないことを祈りたい。面白くないレベル★★★★★

ミニマリスト

2018年5月某日、午後7時過ぎ。埼玉県内某所の住宅街の一角にて。20代前半の男性2人と女性2人の4人組である。パンパンに膨らんだ買い物袋を手に、どうやらこれから宅飲みへ向かうようだ。楽しい夜への期待感でテンション高めの一行の中から、やたら荒い鼻息が聞こえてくる。

女性A「焼き魚の良い匂い〜！」
男性A「オレらのセレクトも負けてないよ」
男性B「今日の場所、キレイさで選んだようなもんだから。自炊前提じゃないし」
男性A「だからそんなキレイでもないって」
男性B「あと、コイツん家のキッチンなけなし過ぎるから！（笑）見たらキミらビビるよ？」
女性A「〝はかり〟だって体重計でやってたんでしょ？」
女性B「いや、何で体重計はあるわけ？（笑）」
男性A「実家から持ってきた」

女性A「しかもタニタ」
女性B「佐藤君ってミニマリストなの？」
男性A「モノを置きたくないだけだよ。究極、近くに倉庫借りて全部詰め込むとかでもいい」
女性B「確認だけど冷蔵庫はある？」
男性A「あるよ（笑）。あ、でも電子レンジはイカ爆発させてから使ってない」
男性B「スプラやり過ぎだろ!!」

▽▽▽狙いすました渾身の大振りで笑いをとるには、手数で細かい笑いを積み重ねるのとは別の〝構え〟が必要になる。これは人数が多い会話ほど向いている。人数が多ければ1人だけ黙っていたとしても違和感がないので、大ボケを〝クラウチングスタート〟の体制でずっと待つことができる。しかし、一歩間違えるとスベるのはもちろん、渾身の唐突感が逆に〝必死さ〟にも映ってしまう。一撃狙う場合でも、最低限の相槌をしておくべきだった。面白くないレベル★★★★

農家の血

2016年11月某日、午後1時頃。愛知県内某所の『スターバックス』にて。20歳前半と思われる男女2人組である。どうやら女性の実家は農業を営んでいるようだ。男性のほうは女性に少し気があるようで、女性を軽快にイジっては会話を盛り上げている。友人関係の域を、このまま無事に出られるだろうか。

女性「ほかにドリアとかコンビニくらいしかないじゃん？」
男性「グラタンじゃないいんだよね」
女性「そう米なんだよ！」
男性「ここでも農家の血が（笑）」
女性「ねぇ、やめて（笑笑）」
男性「汗と涙のリアカーでね？」
女性「あれは違うから～（笑）」
男性「最終的にベンツでしょ？　ある意味、農家の闇だよ、これは（笑）」
女性「汚い商売してないから！（笑）　やめてよ（笑）」

男性「そうだ、ゴメンゴメン！　イノシシと対峙してね、サバイバルしてきたんだもんね。お父さんに申し訳なかったわ、今のは」

女性「いや、お父さんはいいから（笑）。イノシシはホントたまにだよ（笑）」

男性「オレ、イノシシで挨拶行こうかな？（笑）」

女性「刺されるよ？（笑）」

男性「一揆はやめて～？」

女性「……う～ん？（笑）」

▽▽▽手応えを感じる程、どんどん大振りになっていくのは男の性である。サービス精神旺盛な女性の反応に対し、その気になっていく男性は、あえて食い気味に入ることで、「本当にウケてるのか？」という不安を強引に払拭しながら会話を展開していく。だが、ラストの雑な冗談（竹やりで刺される）で女性の許容を超えてしまった。自分のリアクションが呼び起こした悲劇だということを知ることはないだろうが、その気にさせた女性の罪は重い。面白くないレベル★★★★☆

仕掛けてくるやん

2021年8月某日、午後7時過ぎ。埼玉県内某所の『スターバックス』にて。20代前半の男性と女性の2人組である。一見付き合いたてのカップルかと思ったが、その実、〝ギリギリまだ友達以上、恋人未満〟といった雰囲気である。距離感を測りかねている男性は、彼女を何とか笑わそうと試みている。

男性「いや思ってたでしょ、今！　顔に書いてあるから、ちゃんと」
女性「そんなことないよ（笑）。深読みやめてよー（笑）」
男性「だって目の奥が笑ってないもん」
女性「あ、それなんかよく言われるんだよね。ねぇ、どうすればいい？」
男性「え？　まず確認したいんだけど、オレといるの本当に楽しい？」
女性「え？　大丈夫だよ。楽しいよ？」
男性「大丈夫なら良かった。てか、大丈夫って何だよ（笑）」
女性「言い方ヘンか（笑）」
男性「動物とか相手にしてるんじゃないんだから（笑）」

女性「そっか、今日ポーチ『PUMA』だもんね？（笑）」
男性「え？　ちょっとやるやん、仕掛けてくるやん。いやでも、ここまで来たら引けない。目の奥笑うまで頑張るよ、今日」
女性「なんかゴメンね？」
男性「大丈夫、オレの中の問題だから！」

▽▽▽天然で面白センスの片鱗を見せる女性に、謎の対抗心を燃やしてしまう男性。自分自身の面白さの限界を薄々自覚しているにも関わらず、その現実を直視しようとしない男性がポップに痛々しい。「目の奥が笑っていない」ことがデフォルトであるという女性のひと言で、男性は自分と向き合わずに済んでいるだけだ。それは恋人未満であるがゆえの、彼女の優しいウソかもしれないのに。面白くないレベル★★★★☆

虹が出とる

2023年11月某日、午後7時過ぎ。埼玉県某所の繁華街にある『ドトール』にて、50代後半とおぼしき男性1人と20代前半の女性1人、そして私である。待ち合わせ場所である店に男性が早めに着いたようで、場所取りのためかテーブルに新聞紙を広げて連れを待っているようだ。果たしてやってきたのは、親子ほども歳の離れた、傍目にも不釣り合いな女性だったのだが……。

(男性の電話の相手は待ち合わせ女性)
男性「虹が出とる、早よ来ぃて、早よ」
男性「そっからじゃ見えんの?」
男性「決めた通りドトールにおるよ。え? だからコメダの隣の……!」
(女性が遅れて来店。到着するや否や)
女性「ここ気分じゃない。外行ってるね」

男性「もう行くん？　さっき来たばっかなのに……ちょっと待って、今飲むでコレ……」

男性「（新聞紙やらを慌てて片付けながら、隣の席にいた私に向かって）〝書を捨てて早よ、店を出よう〟言うて〜……ね？」

▽▽▽真っ先に〝パ〇活〟の3文字が浮かんでしまう状況である。男性の最後のセリフは言うまでもなく、寺山修司の大ベストセラー『書を捨てよ、町へ出よう』のオマージュであるが、相手女性より、赤の他人の私の方が笑ってもらえる可能性が高いと判断したのだろう。これ以上失うものがない状況下に陥ると、人は時として思いもよらぬ行動に出るものだ。これが本当に面白い冗談ならまた話は違ってくるのだが、このレベルだと笑う義理はない。面白くないレベル★★★★☆

例えのひとつやふたつ

2024年5月某日、午後3時過ぎ、都内某所にある『星乃珈琲』にて。30代後半と思われる男性と20代前半の女性の2人組である。どうやら〝歳の差〟カップルのようなのだが、昼下がりのチルなお喋りタイムにしては、少々紛糾気味である。

男性「その場で連絡するんじゃなくて、〝いつもお世話になってます〟的な。ご挨拶をさせて頂いて……節度のあるお料理食べて、だったらいいかもだけど、お母さんは遅くなったのとか知らないからさ。そこはちゃんと常識として、ミカちゃん（第三者）とかのお母さんとちゃんとご挨拶した時も、３人仲良いとかそんなじゃなくてもマユが挨拶はしなきゃいけない。使ってる部屋があるんだから」
女性「お金入れてるんだよ？　私」
男性「大家さんと同じだよ」
女性「大家さんはノックせずに部屋入ってこないでしょ？　そもそも大家って家

入って来ないし。何その例え」
男性「今、何とか話を前に進めようとしてるんじゃん、例えのひとつやふたつ、間違えることだってあるさ」
女性「え？　だったら逆にさっきからややこしくしてるから。やめて？　今すぐやめて？」
男性「マユさ、落ち着こう？　お母さんみたいになってるよ」
女性「……お手洗い行く」

▽▽▽〝例え〟というのは物事をきちんと理解した上で、初めて成立する行為である。理解が不十分であったりそこにエゴが混ざると、ただの遠回りになってしまう。年下彼女から、まさにそう指摘をされていた中で「お母さんみたい」という例えがドンピシャな例えになってしまい、結果、煽りになってしまった。近道過ぎる例えは、逆に相手を刺してしまう。難しい。面白くないレベル★★★☆☆

オレの曲聞いてない？

2024年4月某日、午後10時過ぎ。都内某所とある飲み屋街の路上にて。20歳半ばの男性と女性のほろ酔い2人組である。カップルではなく長い付き合いの友達同士のようで、道端に並んでしゃがみ込んで語り合っているのは、ささやかなキャリアプランである。

男性「オレが売れたら、お前にあの〜〝結婚おめでとう〟のメッセージ送ってやろう、うん！」

女性「嬉しいけどさぁ〜、今から勝算あるの？」

男性「新しい方程式がねっ必要だね！」

女性「いいじゃん多趣味なんだし、何でも掛け算できるじゃん？」

男性「言うほど簡単じゃないからね？」

女性「モノマネは？　モノマネ！」

男性「いやだからさ、大道芸をやってるワケではないのよ。え？　聞いてない？　オレの曲1回は聞いたでしょ？　聞いてない？」

女性「聞いた聞いた（笑）。怒んないでよ（笑）。ゴメンて」
男性「え？　結婚式にハードロックナンバー贈ろっか？」
女性「人の幸せを壊すミュージシャンとか最悪じゃ〜ん（笑）」
男性「破壊と再生から生まれるクリエイティブ、ナメんなよ？　え？」
女性「それは自分の式でやりな〜」
男性「古傷がまだ再生してないんだよ？　え？」

▽▽▽一瞬、センシティブなプライドに触れる展開になったことで一気にヤケクソ芸へ移行し、笑いの勝ち筋を煽り1本に絞った男性。だが語尾の「え？」に集中し過ぎて、肝心の会話の中身の精度がおざなりになっている。プライドが傷つけられて必要なくなってしまった分、羞恥心も鈍感になり、大きく振りかぶるサムい言い回しが増えてしまった。それによって、より相手の返し＝正論をストレートにもらい続けることになった。ただ曲は気になる。面白くないレベル★★★☆☆

エクステ迷走

2022年2月某日、午後1時過ぎ。埼玉県内某所の『大戸屋』にて。20代前半と思われる女性2人組である。かつて恋愛でやらかしてしまった失敗談は、食事をより一層美味しくしてくれるのかもしれない。

女性A「なんか私ら、決着を急ぎ過ぎたよね」
女性B「超わかる、追うとか追われるとかじゃなくて急いでた（笑）」
女性A「でも、積み上がるもの積み上がってんじゃん？」
女性B「それわかる。前とじゃ、今見てる世界が違い過ぎるもん」
女性A「あの変なエクステつけ始めた時期マジで迷走してたから（笑）」
女性B「あ、れ、は、暗黒期（笑）。てか美容師も止めろし（笑）」
女性A「え？　理由喋ったの？」
女性B「喋った喋った。むしろ説き伏せた（笑笑）」
女性A「屈するなよ、美容師（笑）。プライドないワケ？」
女性B「何でも話せちゃうから〝カウンセラー向いてますよ〟とか言っちゃって

たんだけど、今思えば普通にナメてる（笑）」
女性A「うん、それはカウンセラーをナメてるから」
女性B「ウチ、占いできる人もマジ尊敬してる！」
女性A「単純過ぎでしょ、よく騙されずにここまで生きてきたね」
女性B「いや失敗はしてきたよ？　エクステとかエクステとかエクステとか……
あとエクステとか？」
女性A「あれ？　この子、1本ずつ数えてる？」

▽▽▽しっかり者のツッコミ役が、終始いい仕事をしている。最後のラフなボケに対しての突っ込みも的確でユーモアも兼ね備えたものではある。だがしかし、「あれ？　この子～」は〝ちょっとお客さん！　見てやってくださいよ〟味に溢れている。結局、この謎のお客さん意識と冒頭の悟った感のやり取りにより、ふたつの客観性が喧嘩してしまい、会話の中身までもが希薄に見えてしまったのは悔やまれる。これは、限りなく面白いに近い面白くない話だ。面白くないレベル★☆☆☆☆

栄養とエンタメ

2016年5月某日、午前11時過ぎ。静岡県内を走る高速道路の某サービスエリアにて。20代前半の男性5人組である。若者にとって、気の合う仲間同士のドライブ旅行ほど、楽しく気分の上がる遊びはないかもしれない。彼らはふわふわした気分のまま、サービスエリア内をひと通り見て回る。

男性A「また余計なモノ買ってるよ（笑）」
男性B「目の前にガチャがあるのに回さないとかある？」
男性A「うん、ある」
男性B「お前そんな冷めたヤツだったのか……!?」
男性C「絶対帰る時、車に置いてくなよ？」
男性B「置いてくわぁけがない！」
男性D「買ったヤツのせめてもの責任やぞ、それ」
男性B「疲れてる？　栄養とエンタメ補給忘れんな？」
男性E「そういえば、あっちにもガチャあったよな」

男性A「余計なこと言う……」
男性B「お前らの分も補給してくる!!（本気ダッシュ）」

▽▽▽サービスエリアも、面白くない話を聞くにはもってこいの場所である。窮屈な車内からの解放感、ドライブ旅の醍醐味を味わっている高揚感で、気持ちも声も大きくなって行動が制御し辛い。またガチャポンをはじめ、一風変わったご当地土産やご当地B級グルメなど、おふざけするにはもってこいの要素がてんこ盛りだからだ。今回は幸いにして、面白くない話し手は全員ではなく1人のみであるが、数的不利を補って余りある動きを見せている。メンバーの発言をすべてフリだと認識して全方位全力でオーバーリアクションし、最後は本気のダッシュで周囲の目も引こうとする。1人で仕事し過ぎだ。面白くないレベル★★★★☆

本人確認！

2024年4月某日、午後2時過ぎ。都内のJR某駅改札内にて。20代前半の男性4人組である。メンバーの1人が突然慌て出した。どうやら、何か大切なモノを失くしてしまったようである。

男性A「ちょ、まっ…落とした……！」
男性B「心当たりあんの？」
男性C「こーゆーのって早めに駅員に言ったほうがいいんじゃね？」
男性B「免許証の写真で何とかなるか？」
男性C「本人確認しても無理じゃね？」
男性D「わが名はアシタカ！」
男性B「……お…おぅ！」

▽▽▽心配と大喜利、絶対に両立しない行為である。周囲が一緒になって心配する

シリアスな状況で、「～アシタカ！」と声高に叫んでしまったことで、彼だけ本当はまったく心配していないことが露呈してしまった。もしも、このひと言が爆笑をかっさらったのならば、まだ誤魔化せたかも知れなかった。面白くないとは、その人ありのまま、裸の状態である。つまり面白くない一面を見せた瞬間こそ、その人の本当の人間性を見極めることができる機会かも知れない。面白くないレベル★★★☆☆

ナメられたもんだな

2023年11月某日、午前11時過ぎ。都内某所にある私鉄駅のホームにて。20歳前後の男性3人組である。電車の待ち時間、手持ち無沙汰になった1人が、近くにあった自販機から話題を引っ張ってくる。

男性A「コレさ、『朝専用ワンダ』って買ったことある?」
男性B「ない」
男性A「コレ、昼と夜専用って前はあったのかな?」
男性B「あったんじゃね? さすがに」
男性C「〝キミ専用〟ってのもあったよ」
男性A「……マジで?」
男性C「いやオレがフカした、すまん」
男性A「イケると思った?」
男性C「7:3でイケると踏んだ」
男性B「あー、ね」

男性Ａ「ナメられたもんだな、オレらも」
男性Ｃ「さーせん、出直します」
男性Ｂ「そろそろ追いつかないとオレら先行くよ？」

▽▽▽下手な人の手の内を明かされても困るだけだ。そこにノウハウや学びがないのだから。一連のやり取りはその最たるものだろう。聞き手の〝そんなレベルじゃここは通せないよ？〟門番ヅラも非常に気に触る。企業理念でやたらと大層なことを言っておきながら、具体的には何も形になってない会社のようだ。当然、その後も練られた回答は見られなかったし、この先も見ることができたのかは非常に怪しい。面白くないレベル★★★★☆

リモコンどこ行った

2023年8月某日、午後11時過ぎ。埼玉県内某所にあるコンビニエンスストアにて。20代前半の男性3人組である。〝宅飲み〟中に買い出しに来たようで、さてはベロベロの酔っ払いか……と身構えたが、そんな状態には程遠く、むしろ1人は醒めきっている。

男性A「てかさー、マジでエアコンのリモコンどこ行ったよ??」
男性B「あ～コレさ、言ってなかったんだけど……冷蔵庫の野菜室入れた」
男性A「は!?」
男性C「お前何やってんの??」
男性B「冷房掛けといた」
男性C「え?」
男性B「だって冷房つってたじゃん、お前」
男性A「ちょ……え??」
男性B「あ! 冷蔵だ! 間違えた!」

男性A「いやもう……うん……」
男性B「マジすまん!!」
男性A「あるなら良かったよ……」
男性B「でもリモコンって野菜だったよね？」
男性C「あんま良くないよ？　そーゆーの」
男性B「お前ら冷え切ってんなぁ～マジ。冷凍庫？」

▽▽▽無茶や奇抜なことをして驚かせる=面白いと勘定してしまったことによる悲劇。謝罪の後も何事もなかったかの様にボケを2連発でお見舞いするあたり、一度間違った方向に走り出してしまった大喜利脳を簡単に止められないようだ。ねちっこさはなく、終始カラッとしたテンションの面白くなさなのだが、とにかくめげない。しつこい。工夫がない。面白くないレベル★★★★★

ライバーっぽい子

2023年7月某日、午後8時過ぎ。埼玉県内某所にある『ガスト』にて。20歳前後の男性3人組である。夜のファミレス特有の空気が流れる中、ダベっている3人、だが仲間内にも、なかなか腹を割って話をしようとしないメンバーに、ほかの2人が痺れを切らす。

男性A「お前って、こんだけ出会いのある界隈にいるのに、恋愛に関して一切喋らないよな」
男性B「童貞だから察してやれよ」
男性C「は？　ちげーし、何なん？」
男性B「そんな怒んなよ、悪かったたって、ゴメン」
男性A「好きなタイプとかないの？　お前。」
男性C「あー何か〝ライバー〟っぽい子とか？　そういう雰囲気の子は好きだな」
男性A「ライバー……？？　どゆこと？」
男性B「それ〝女子アナっぽい子が好き〟と同じじゃね？　見た目がいい子って

　　　ハッキリ言えよ（笑）」
男性C「は？　そういうわけじゃねーし。別に見た目がイマイチでもライバーっ
　　　ぽかったらオレはイイんだけど」
男性B「え？　てかお前、『ポコチャ』見てんの？」
男性C「は？　見てねーよ」
男性B「スマホ出せ、ホーム画面見せろ」
男性C「は？　……おい、やめろって！」
男性B「事情聴取だよ、これは！」
男性C「無理矢理携帯奪うなって、おいぃ！」
男性B「もっかい聞くよ？　お前、『ポコチャ』見てんの？」
男性C「……ぽこっちゃ（注：ちょこっとの意）見てるだけだわ」
男性B「え？　今噛んだ？　ダジャレ？　それだけ教えたら許すわ」
男性C「は？　噛んだ」
男性B「やっぱお前見せろ！」
男性C「おい、ちょ待てってぇ！　話ちげぇだ、おいぃ！」

▽▽▽答えたくない質問への照れ隠しに、強引なダジャレで答えてしまったことがまずかった。案の定、さらにそこを追及されてしまい、「面白いと思ってやってないですけど?」的な照れ隠しの上塗りをしたところで万事休す。ただし、仲間内の誰かが出した〝面白い前提だったけど面白くない話〟の、シッポを掴むような行為は、あまりよろしいものではない。友達減るぞ。面白くないレベル★★★☆☆

オレって耳だけは

2023年7月某日、午後8時過ぎ。埼玉県内某所にあるスーパーにて。20代前半の男性2人と女性2人の4人組である。これから〝宅飲み〟が開催されるのか、買い出し中のよう。メンバーの1人が、どうにもこれから楽しいことが始まるというワクワクを抑えられない。

男性A「オレ、耳だけはいいから！　リカコ、〝カルビ食いたい〟って思ってない？」
女性A「え？　お肉？　うーんまぁ、それなりに」
男性A「お腹の音でわかるんだよね〜。耳だけはいいから！　ユキ、ポテサラでしょ？」
女性B「ゴメン（笑笑）。ウチ、今日間違えて家で食べてきた（笑）」
男性A「いや、心の声聞こえるもん（笑）」
男性B「そっかそうだよな、お前、耳だけはいいもんな！（笑）　ハハハッ……」
男性A「ユキに選ばれなかったおつまみ達が泣いてるよ……ほらオレ、耳だけはいいんだよなぁ……！」

▽▽▽会話の主導権を笑いと共に取ろうとした結果、チグハグな会話にしてしまった。「ポテサラ」予想が外れたにも関わらず一歩も引かない姿勢には、1丁のピストルだけで戦場に飛び込んでいくような無鉄砲さを感じる。しかし耳がいいわりには、すぐ隣にいる友達の心の声は聞こえていないようだ。面白くないレベル★★★★☆

徹夜明けの羽

2022年2月某日、午後3時頃。埼玉県内某駅前にある『プロント』にて、20代前半と見える男性と女性の2人組である。2人とも後期期末テストが終わった大学生で、試験後、そのままお店にやってきた、という雰囲気である。どうやら男性は女性にほんのり好意を抱いているらしい。

男性　「ほんじゃ、お疲れ様ってことで……乾杯（男は酒、女はカフェオレで乾杯）。やっっっっと終わったぁぁぁあ！……あれ？　テンション低くない？　大丈夫？」

女性　「……うーん、テスト終わり、いつも直帰して爆睡してたから、何か今ふわふわしてる。そっちも徹夜明けじゃないの？」

男性　「そっか悪いな（笑）、無理やり誘った感じになっちゃって。いや、この解放感を味わうためにギリギリまで追い込んで、崖っぷちで徹夜してるとこあるから、オレ……（笑）」

女性　「……（笑）。てか、もう春休み入ったってことか、コレ。実感なさ過ぎる」

男性「いやぁー今ならどこまでも行けそうだわー！　江ノ島は余裕、猿島も行けるな。鬼ヶ島も行けそうだな？……やべ（笑）、もう頭回ってないわ、おかしくなってるオレ（笑笑）」
女性「そっちのほうがふわふわしてるんじゃない？　帰りふらっと車道出て交通事故とか遭いそうで怖いわ」
男性「いやもう、羽が生えてるから車道とか関係ないー……え？　ちょっと待って、コレ、羽かと思ったらストローの紙袋だったんだけど（笑笑）」

▽▽▽男性としては、共通の達成事項をダシに、意気投合からのデートを狙っている。一見「今ならどこまでも行ける気がする」系で突っ切るかと思いきや、女性の全体的に薄めな反応に日和ったのか、面白くない言い訳に〝徹夜明け〟を使うというダブルスタンダードっぷりが苦しい。徹夜＝満身創痍を格好いいものとしてチラチラと女性に見せつける辺りから、どこか小学生の言動に近いものを感じる。おやすみ。面白くないレベル★★★☆☆

交番行ってこい

2023年3月某日、午後7時過ぎ。埼玉県内某駅前にある商店街入り口にて。20代前半と思われる男性3人組である。飲み会の待ち合わせのようだが、約束の時刻を過ぎてもまだ到着しないメンバーが来るまで待っている間に、話はあらぬ方向へ。

男性A「高校の時に今のコミュ力あったら絶対人生変わってたハズだわ、マジ悔やまれる……!」
男性B「確かに入学したての頃、ホント喋んなかったよな、お前」
男性A「気づくのが遅過ぎた……」
男性C「あのな? 青春に早いも遅いもないから」
男性A「いや、失ったモノがデカ過ぎて……」
男性C「ちょっとそこの交番行ってこい? 〝オレの青春届いてないですか?〟って言ってこい?」
男性A「……いや、届いてるワケないだろ。元々なかったんだもんオレの青春なんて」
男性C「そう！　届いてるハズないんだよ！」
男性A「？？」
男性C「だって、これからお前は青春を迎えるんだもん！　届いてるワケないよ！」
男性A「……？？　じゃあ何でオレ交番行くの？」
男性C「気づくきっかけをもらうために決まってんじゃん！」

▽▽▽面白くない話し手にしては珍しく、伝えたいメッセージはきちんとある（内容は薄い）。だが、根本的に文章の組み立て方が下手過ぎる。初めに大事なことを全部言ってしまったがゆえ、そのあとの寄り道がすべてまるで〝進次郎構文〟のようだ。マジで交番行く意味ないじゃん。面白くないレベル★★★☆☆

よくわかんないけどヤバい

2020年5月某日、午後2時頃。都内某所のとあるカフェにて。20代前半と見える男性4人組である。春からの新社会人だろうか。会社の新人研修帰りだろうか。スーツ姿にも関わらず大学生のような会話が、周囲に違和感を与えている。

男性A「とりま、社会人の彼女一択だよな」
男性B「えぇー何だろ、何でもいいけど顔採用」
男性A「表現がクソ過ぎるだろ（笑）……だが気持ちはわかる」
男性C「オレ、実はまだ誰にも言ってなかった今年の目標があって……」
男性A「お！　発表しちゃう感じ？　このタイミングで」
男性C「いいすか？（笑）」
男性A「あんまもったいぶるなって！」
男性B「早よ早よ！」
男性C「……ネスカフェアンバサダー」

男性A「たっはははは っ！」
男性B「何言ってんの？　コイツ（笑）」
男性D「あれ？　何だっけ、それ（笑）」
男性A「もうあと半年しかないぞ、頑張んないと（笑）」
男性D「コンカフェのヤツだっけ？　何か思い出せねぇけど、それ目標は取り敢えずヤバいわ（笑）」
男性B「コーヒーのサブスクだよ、サブスク」
男性D「あー、ね」

▽▽▽こんなに薄い内容なのに意味も理解されない、というケースはなかなか珍しい。「ネスカフェアンバサダー」という単語の斜めさを全員が過大評価し過ぎている点は一旦置いておくとして、「コンカフェのヤツだっけ？　何か思い出せねぇけど～」と、言葉自体も当然何が面白いのかもあやふやなまま、周囲に同調していくあたり、もう助けられない。面白くないレベル★★★☆☆

球でも石でも

2021年7月某日、午後1時頃。埼玉県内JR某駅の改札外にて。20代前半と思われる男性3人組である。どうやら待ち合わせしてるようなのだが、すでに到着している2人に特に会話はなく、何故か1人はシャドウピッチングをしている。そんなところに遅れてもう1人やって来た。

男性A「お前、何で来た？　何で来た？」
男性B「は？（笑）今見てたろ、電車だよ電車」
男性A「いやチャリだろ？　そこは。ゲーセン行くんだろ？　まず。その流れ考えたらわかるっしょ」
男性B「すまん、脈略がすでにオレにはわからん（笑）」
男性A「チャリは男のたしなみだよ」
男性C「てか今日、日差しヤバくね？　最寄駅までの歩きで汗かいたんだけど」
男性A「今日ってゲーセンくらいしか決めてなかったよな？　なぁ思い切って川行く？」

男性B「アウトドア（笑）。その心の準備してねぇ（笑）」
男性C「いやこの日差しが、すでに準備運動でしょ！」
男性A「いや、そうと決まれば石拾いながら行かなきゃなっ！（〝水切り〟のシャドウピッチング開始）……ぅし！」

▽▽▽31ページの〝最強のキャッチ軍団〟でも登場した、面白くない話し手のアイキャッチ、シャドウピッチングがここでも行われている。若干アレンジが加えられ、〝水切り〟として会話の文脈にも取り入れている。水切りへ着地するべく、強引に話の主導権を握った可能性もある。ここで行われている話は確実に面白くないが、もしかしたらこの男性は面白いヤツかも知れない。面白くないレベル★★☆☆☆

渾身の注文

2024年5月某日、午後1時頃。埼玉県内某所にある『コメダ珈琲』にて。20歳前後とおぼしき男性3人組である。オープンして間もない店舗なのか、アルバイト店員も接客にまだぎこちなさが残っている。

男性A「じゃあ、この〝ーヒーコスイア〟？　で」
店員「……もう一度お伺いしてもよろしいでしょうか？」
男性A「えーと、ーヒーコス……あっアイスコーヒーか！（笑）」
店員「アイスコーヒーがおひとつ。こちら、甘さがアリとナシお選び頂け……」
男性A「いやっメニュー逆にされてたから間違えちゃって（笑）。すみません（笑笑）」
店員「全然大丈夫ですよ。甘さのほうは……」
男性B「〝厳しめ〟でお願いします！」
店員「えぇと……ナシでよろしかったでしょうか？」
男性C「おい、店員さんまで困らせんなって。すみません、ナシで」

男性A　「でも、メニュー逆なのはオレのせいじゃないだろっ（笑）」

▽▽▽〝笑い欲しさ〟というよりも、〝かまってちゃん思考〟からきている面白くない、である。店員を困らせることを目的としているが、初手で話を遮ってまでボケた割に平然と対応されたので、今度は真正面からボケをカブせていく。目論見通りある程度、店員を困らせることには成功したが、友人からの注意が入ってしまった。ただ、言われっぱなしは嫌だったのだろう。部分的に言い返しているあたりが、態に死んだフリが通用しないのと同じような厄介さがある。面白くないレベル★★★☆☆

ヒューマンであれ

2019年6月某日、午後1時頃。都内某所繁華街にあるファッション通りにて。20歳前半の男性2人組である。若者の街特有の賑やかさの中で、彼らの会話はなかなかに異質である。

男性A「ミッキーの着ぐるみとか言うなバカ、消されるぞ」
男性B「権力に屈しないから、オレ」
男性A「言っていい事実と、よくない事実あんだろ」
男性B「お前、マスメディアみたいなこと言うなよ。ヒューマンとしてあれよ」
男性A「見ての通り、育ちの時点でサバイバーだから、オレ。必要とあらば〝ミッキーさん〟とでも呼ぶよ」
男性B「そんな生き方したところで、オレとお前のいる位置、今あんま変わらんくね？」
男性A「おい、痛いとこ突くなよ……救急車呼んでくれ」
男性B「どうしたケガでもしたか？」

男性A「そりゃケガもするよね、ヒューマンだからさ」
男性B「I，m a PERFECT HUMAN」
男性A「うぃ！」

▽▽▽頭に浮かんだ冗談を、その場の流れを待たずに間髪入れず挟む自己中心的プレイである。別の見方をすると、1人が若干カッコつけているところへ、もう1人がカブせるように笑いを取ろうとするマウンティングにも見える。その突拍子のなさは、続く相手のひと言を完全にペシャンコにしている。マウンティングを超えて踏み潰しである。面白くないレベル★★☆☆☆

オールド・ルーキー

2024年2月某日、午前11時過ぎ。埼玉県内某駅前にある『ドトール』にて。50～60代女性2人組である。老いも若きも男も女も、いくつになってもユーモアへの渇望は癒えることを知らない。

女性A「キヨシさんとこは寝んから小さくなってまった。寝る子は育つ言うでしょ？」

女性B「じゃあコタツは仕舞わななんだね」

女性A「そうよ、仕舞わんと。キヨシさんはほん～まに、夜ふかし花子さんだもんで」

女性B「夜のテレビ好き言うてたな、そういえば」

女性A「夜ふかし花子さん聞いたことある？」

女性B「私なんて、よう起きてられんよぉ？」

女性A「夜ふかし花子さん知っとる？」

女性B「お兄さんは〝ホットカーペットにせぇホットカーペットにせぇ〟言うて

るみたいやけどね」
女性A「ほいなら、キヨシさんとこのお兄さんは夜ふかし太郎じゃな！」
女性B「ほぉえぇ、大変だ」
女性A「夜ふかし太郎て……！　アンタ、何を私は言うて…ホントもう、ヤァなっちゃう！（笑）」

▽▽▽一見普段の口癖としての「夜ふかし花子さん」かと思いきや、スルーは許さずリアクションを強制するあたりに、話し手の強い冗談意識を感じる。3回放つもいずれも流されてしまったため、「夜ふかし太郎」に切り替えたところ、僅かではあるが待ち望んでいたリアクションが返ってきたので自画自賛に走る。自分のボケに自分で笑うのは、お年寄りに見られがちな特徴のひとつでもある。面白くないレベル★★☆☆☆

エンターテイナーやってて良かった

2010年9月某日、午後1時頃。愛知県内某所にある美術予備校の教室にて。10代後半～20歳前後の男性3人（含む私）、女性4人の7人である。私が当時、大学受験のために通っていた、美大を目指す学生のための予備校で起きた、収集ごく初期の惨劇である。

男性A「いやっ、さすがにエンターテイナーのオレでもお姉様（注：実の姉）に怒られちゃうから」

女性A「え？　お姉さん優しいいんじゃないの？」

男性A「いやっ、基本は女神なんだけど、母上（注：実の母）含めそういうの厳しいいんだよね」

女性B「普段優しいから、お姉さん怒ると怖そうだね（笑）」

男性A「いやっ、怒られる前に〝ぶってください！〟って土下座してるからさ、いつも！」

女性C「家族に〝ぶってください〟とかあるの？（笑）　ヤバ（笑）。さすがエンターテイナー（笑）」
男性A「いやっ、オレ普段こうでも、実家ではいつも踏まれてるから！　いつも！」
女性D「でもエンターテイナーなんでしょ？　行動制限されてちゃダメなんじゃないの？（笑）」
男性A「そういう意味で1人暮らしの城（注：アパート）に逃げてきたワケよ」
男性B「城案内してよ、みんなで行こうぜ〜」
男性A「おぅいいよ。今、ロフトとか改造してガチ秘密基地にしてるから！　ヤバイよ？」

（講師が教室に入ってくる）

講師「おい鈴木、誕生日だったろ？　大したものじゃないけど、はい、プレゼント」
男性A「マジすか！　ありがとうございますっ。開けていいすか？　何だろう……？（構成作家向けのユーモアについて書かれた書籍が出てくる）」

男性Ａ「えぇ!? コレ、先生マジすか！ オレにコレ!? マジで言ってます?」
講師「いや本屋で見かけて、すぐ鈴木のことが浮かんでさ」
男性Ａ「うわ、オレ、今マジで嬉しいです、ヤバい、エンターテイナーやってて良かった……！（鈴木、嬉しさのあまり講師に抱きつこうとする。涙目になり手で拭う）」

▽▽▽まず拍手を贈りたい。思わず「自分がおかしいのか?」と疑ってしまうほど、異常なまでの面白くなさを誰も指摘しない、顔ひとつ曇らせないことにだ。薄らサム過ぎて息が詰まるかと思った。お姉様、母上、城……と、身近なものから何でもかんでも言い方さえ捻ればいいってもんじゃない。派手な服装を着ていれば何でもかんでも個性的になるワケではないのと同じ。美術予備校ではなくて、弱小プロダクションの芸人養成所だったのかもしれない。面白くないレベル★★★★★

ロシアンルーレット界の重鎮

2016年12月某日、午後7時頃。都内の私鉄某駅前にあるスーパーにて。20代前半の大学生男性と私である。10人ほどのサークル仲間で行う鍋パーティーの買い出しへ先輩と向かったのだが、サークルのリーダーでもある先輩が何やら〝神企画〟を思いついてしまう。

先輩「オレ、今めちゃくちゃいいこと思いついたんだけどさ。これロールパンとワサビ買ってロシアンルーレットしない？（笑笑）〝第2弾！　悪夢ふたたび編〟みたいな感じでっ（笑）。遠藤（注：いじられキャラ）とかに、こっそり大量にワサビ入った大当たりとか引かせたら、絶対ヤバいよな（笑笑）」

私「……い、いいんじゃないですかね。でも第1弾からのスパン短くないすか？（笑）」

先輩「いやぁ〜オレの視界にワサビ入っちゃった時点で決まっちゃったよね。悪いけど（笑）」

私「今回こーゆー集まり初参加の子とかに当たんないことを祈ります……（笑）」

先輩「まぁ当たったら当たったで、それは洗礼ってことで（笑）。てかオレ、今いい案浮かんだんだけど！　聞いて！　ワサビを〝このくらいの量です〟って最初みんなに見せてから、オレこっそりキッチン戻って1個だけヤバい量のワサビ入れるからさっ。その間、繋げといて！　それ遠藤に引かせるっ（笑）。繋ぎよろしくな！　頼むわマジっ！」

▽▽▽自分を「面白い」と勘違いする若者は、よく罰ゲームに頼る。準備の進めやすさ、ベタで単純明快な展開と、彼らからすれば心強いコンテンツだ。だが、この先輩は、〝面白いこと〟よりも〝オレ主導で起こる面白いこと〟を求めてしまった結果、ヤラセに手を染めることになってしまった。「こうなったオレはもう止められないよ？」と言わんばかりの意識的な暴走で笑いを生み出そうとしている。作られた過激さでは、リアルが生む面白さは決して超えられない。面白くないレベル★★★★★

そういう人間

2016年4月某日、午後4時過ぎ。愛知県内某所にあるデザイン事務所にて。20代後半の女性2人と40代前半の男性、そして20代前半の男性（私）である。4人は同じ会社の同僚社員。1階フロアで仕事中だった先輩である40代男性社員が、息抜きがてら2階の女性社員達を冷やかしに来た。

先輩「おぅいおぅいおぅい……（階段の数×おぅい）」
私「お疲れ様です」
先輩「キミ達、ちゃんと仕事してる〜？」
女性A「あれ？　山田さん、もう今日の分終わらせちゃったんですか？」
先輩「バァカ、お前そんなワケねぇだろって。まだまだ課題は山盛りだよ。分けよっか？」
（ここから最近人気の出てきた若手DJを、先輩である自分が威圧した武勇伝を語り出す）

先輩「……んで、ソイツそれ以来、オレのこと苦手らしくて（笑）。この前もクラブでオレの姿見るなり顔ひきつりだして、その場から立ち去ろうとするから〝どした？（笑）　どした？（笑）〟つって（笑）」

女性B「でも山田さんって自分では〝チャラい〟って言いますけど、やっぱり仕事とかはきちんと押さえるところあるじゃないですか～」

先輩「いやぁ…オレ、そういう人間だからねっ！（超嬉しそう）」

（事務所に電話が掛かってくる）

女性A「山田さん宛に、島崎様（注：取引先）からお電話です」

先輩「んえぇ～!?　アイツかよ、マジ面倒臭いんだよなぁ。ちょっと1発ガツンと言ってやっか。おぅ電話貸せ」

（めちゃめちゃ低姿勢に対応後、電話を切る）

先輩「……いやぁ言ってやったわぁ。どうだ？　ガツンと言ってたでしょ？　オレ（笑笑）」
女性B「全っ然だったじゃないですか〜（笑）」
先輩「いやぁ…結局オレそういう人間だからねっ！　お前ら〝チャラいチャラい〟言うけど、もうお客様にはペッコペコよ（超嬉しそう）」

▽▽▽明確なオラつきと執拗なへりくだりの両面を見せることで、ほかの〝ヤンチャな大人〟との差別化を図ろうとしている。イキりにもアピール型とズレ型が存在し、イキりとウケ狙いは見分けがつきづらいものでもある。もしかしたら、この先輩男性は〝本当は真面目〟な自分自身に耐えられず、わざとこんな振る舞いをしているのかもしれない。面白くないレベル★★★★☆

PayPay時代

2019年11月某日、午後5時頃。埼玉県内某所にある会社事務所にて。40代後半の先輩男性と20代後半の後輩男性(私)である。仕事の合間に発生したちょっとした待ち時間に、先輩社員が新しい時代の訪れについて、おもむろに話し出す。

先輩　「もう今さ、ビックリしちゃったんだけど、何でも『ペイペイ』時代に入ってるんだね、知ってる?」

私　「まぁ確かに、以前よりだいぶ世間的にも耳にするようになってきましたよね〜」

先輩　「まぁ支払いもそうだけど、ウチの工場とかも〝ペッパー君〟とかにやらせればいいいやって話なんだよな、結局。そういう時代に来てるんだよ、もう。何でもペッパー君」

私　「そう言えば、この前ツイッターのアカウント作ったじゃないですか? その後どうですか?」

先輩「あー教えてもらってアカウントだけ作ったヤツね。いや何にも楽しくないんだもん」
私「えぇ？ 向いてそうと思ったんですけどね……」
先輩「みんなさ、もうちょい気の利いたこと書いてんのかと思えば、飯食っただの疲れただのグチばっかりで、アレ何が楽しいの？」
私「まぁ記事というより、呟きっていうくらいですしね……」
先輩「オレなんか、家電量販店を2店舗使って口車に乗せて安くさせる方法とか、そういうのいっぱい持ってるのに披露すんのも勿体ない気がしちゃってさ」
私「でも、そういう便利な裏技とか呟いてバズる人とかもいますよ？」
先輩「いや、オレはそういうの違うんだなぁ。バズるとかあの何だっけ？ インフルエンサー？ みたいなのとか、そういうのじゃない場所でやってたいのよ」
私「ははは（笑）。そうですよね〜」
先輩「伊藤君、オレの普段の会話をさ、そのツイート？ って言うんだっけ？ アレしといてよ。そのうちバズったりするんじゃないの？ オレが普段喋ってるような〝ペイペイがどうの〟ってことでしょ、伸びるのって」
私「ははは（笑）。そうですよね～」

▽▽▽新しい物事に理解を示しているように見せて、その実、しっかりと億劫になっている。調べ物だけで完結させるタイプである。どこかで聞いたことのある誰もが知っているであろう節約テクニックを熟知している自分に、自分の面白くない毎日に謎の手応えを感じている――そんな人に、何も言えるワケがない。面白くないレベル★★★★☆

ありがたいアドバイス

2020年12月某日、午後8時頃。都内某所にあるハンバーグ屋にて、40代前半の男性と20代後半の男性（私）の2人である。元広告代理店勤務の先輩が、どうしても〝相談して欲しそう〟だったので、何も相談したいことはなかったが取りあえず話を振ってみたところ、案の定、厄介な流れになってしまった。

先輩「え？　作品をもっと色んな人に見てもらいたい？　なら『ティックトック』やったほうがいいよ？」

私「う〜ん、ティックトックに自分みたいな作品は、さすがに合ってなさ過ぎかと思っ……」

先輩「そんなんそんなん関係ない関係ないっ！　とりあえず始めないと。まず始める。コレ」

私「は、はい」

先輩「アレ何だっけ？　あの〜……仮想通貨みたいなブロックチェーンのヤツ、〝NFT〟だっけ？　アレやったほうがいい。アレはやるべき」

私　「一応アレですよね？　確認したいですけど、僕の作品チラッとでも見てもらえた感じですよね？」

先輩「うん、勿論見た見た。それよりも1回どこでもいいから海外行ったほうがいいよ。コロナ明けたらすぐ行くべき」

私　「……そーゆーのって、どこでもいいものなんですかね？」

先輩「え？　うん一緒一緒！　そういうの全部一緒だからっ！　それよりも母国語から1回離れてまた戻ってくると、言葉って変わるんだよね、不思議と」

私　「佐々木さんも、そういえば作品制作されたりしてますよね？　前もSNSでアップしてましたけど、佐々木さんはティックトックやらないんですか？」

先輩「オレ？　やってないやってない(笑)。だってオレ、そーゆーのじゃないじゃん？」

私　「そうですよね（笑）。さすがにティックトックに佐々木さんの作品は、さすがに合ってなさ過ぎますもんね。女子高生とかビックリしちゃいますよ(笑)。レベル高過ぎて」

先輩「彼女らの流行の最先端と表現の最先端って、完全に別モノだからね〜。てか、基本的にどんな些細なことでもマーケティングなんだよね。当たり前だけど、最近この歳になってようやく気づいた。ごめんね？〝近況聞かせて〟って誘っておいてオレばっか話ちゃって（笑）」

私　「そんなそんな！　いやでも佐々木さんの話って、ホントに面白いしタメになるしで〜」

先輩「やめてよ？（笑）　そんなことないって、オレ〝収集〟されちゃってない？面白くない話」

私　「とんでもないっすよ！　そんなワケないじゃないですか〜！」

先輩「もう最後のポテトも食べちゃえ食べちゃえ（笑）」

▽▽▽そりゃ収集されちゃうでしょ、こんなの。「オレそーゆーのじゃないじゃん？」と口走る人は、言語化能力が著しく乏しい割に誤魔化しグセが強い。10人中10人、100％面白くない話し手である。〝ヤマザキ春のパン祭り〟と同レベルで、会話に出てきた瞬間に確定演出となる。面白くないレベル★★★★☆

2章

アピール×ズレ型

の面白くない話

あくまで後輩

2021年12月某日、午後7時頃。都内を走る私鉄の電車内にて。50代半ば〜後半の男性2人組である。2人のうち1人が最近転職したらしく、尋ねられてもいないのに転職先の社内事情を積極的に教えてくれる。昨今中高年の転職が増えているとは話に聞いていたが、やはりしがらみや葛藤、複雑な人間模様がある。

男性A「まぁね、今は彼、社長だけど20年前はオレと同じデスク並べて働いてたワケだし。お互いこうしてまさか一緒に働くとは思ってなかったのよ。向こうにとっちゃ自分が後輩の時期がほとんどだから、なーんか遠慮しちゃってさ。オレももう何年もサラリーマンやってるんだから、〝そこは気にするな〟って言ってるのに、ぎこちない感じが抜けなくてね」

男性B「へえ、そうなんだ」

男性A「今の事務所の人達とかなんて、社長に対するオレのそういう態度に最初みんなビックリしちゃっててさ（笑）。みんな〝中途で入ってきてアイツ何者なの？〟みたいな（笑）」
男性B「そりゃあアンタ、驚くよ、普通は」
男性A「仕事外のところではタメ口きくよ？　勿論、向こうは敬語だし。ラーメン食べに行っても水持って来させるし、だってそりゃ20何年前から先輩後輩だからね。まぁ、拾ってもらった恩はこっちもあるけどね、それでも先輩だから、そこは」

▽▽▽〝実は昔ワルやってた〟自慢の類いにも、聞かれてもいない弁解にも聞こえる。それは彼自身の負い目から来るものだろう。ざっくりとした近況報告で済ます訳にはいかず、さりとて聞き手の男性からの突っ込みや深堀りを避けるため、一分の隙もないように用意していた筋書きをノンストップで読み上げている。彼の「先輩である」というプライドがそうさせているに違いない。この手の人間は、自分より年下、または立場の低い人間の話では意地でも笑わない傾向も強め。面白くない

レベル★★★★☆

FFのクラウドしか知らない

2018年11月某日、午後7時頃。埼玉県内某所の『サイゼリヤ』にて。20代半ば〜30代後半の男女8名グループである。どうやら彼らは社会人バトミントンサークルで、練習帰りのファミレスで、今後の活動拡大についてミーティングを行っている。

男性A　「今後サークルメンバー増やしていく方法、何かありますかねぇ？」

女性　「ベタかも知れないですけど、ネットで広報サイトを作るとかどうですかね？　まずクラウドサービスを活用して……」

男性B　「クラウドサービス？？　わかんないわかんない、クラウドっていったらオレ、〝FFのクラウド〟しか知らないよ!?」

（その後、女性が丁寧にクラウドサービスについて説明する）

女性　「ウチの会社の人のサークルとかだと、例えばネットの……」

男性B　「ネット!?　ネットって何??　インターネットのこと?　勝手に略されるとわかんないわかんない（笑）」

▽▽▽年長者の男性Bはリーダー格でもある。そのリーダーが無知な自分をおちゃらけて誤魔化し、そのまま駄々をこねて注目を集める典型的、かつ意図的なパターンである。結果的に下の世代に教えてもらうという立場にも関わらず、話の進行をヘシ折り、一生懸命にサークルのためにプランを考えている若手女性を困らせてしまっている。男性としては「話の流れで出てきた知らないパソコン関連の用語」と、大ヒットテレビゲーム「『ファイナルファンタジー』の主人公」という2つのワードの飛距離さえあれば笑いになるという、強引な目論見だったのだろう。そして目論見通りここで大爆笑を生めれば、不得手なITの話題から自分の土俵――世代の思い出話に持っていける、という魂胆も透けて見える。恐らく、この男性はクラウドの意味を一生覚えない。面白くないレベル★★★★☆

バキバキ画面

2017年5月某日、午後1時過ぎ。都内某所にある中華料理屋にて。40代前半の男性と20代前半と思われる男性の2人組である。どうやら、上司と部下が連れ立っての昼食をとっている。

上司「まだバキバキの画面、そのままなのか？　使い辛くなんないの？」

部下「変えよう変えようとしてて1か月経ちましたね……（苦笑）」

上司「その後回しグセ～何とかしとけよ～。そーゆーの仕事にも出てくるぞ」

部下「気を付けます！」

上司「いいぞ、オレの餃子食って」

部下「あ！　ありがとうございます！」

上司「羽根がパリッパリで美味いからココの」

部下「うわ！　美味そ～！」

上司「お前、スマホ……」

部下「あ！　すみません、仕舞います！」

上司「いや、画面パリッッパリだなって」
部下「1か月もうこのままで……はい（苦笑）」
上司「まぁ何でもいいけど……羽根付いてんじゃない？」
部下「あー……そうですね！」
上司「まぁまぁ仕舞わなくていいんだけども」

▽▽▽羽根のパリッパリと画面のバキバキを掛けた〝渾身の一撃〟に気付かない部下に、何とかしてわからせようと試みる上司。自分的にはよほど良い出来だったのだろう。しかし、上司が自分のボケを自らアピールするというカッコ悪さは避けたいのか、あくまでも平静を装いながらである。スベったようには見せまいとする着地もいじらしい。「真面目だけど、きちんとユーモアも兼ね備えている」と思われたい上司達は、今日も仕事論と笑いを強引に混ぜ合わせる。それが人心を遠ざけているとも知らずに。面白くないレベル★★★★★

赤ペン先生

2022年2月某日、午後4時頃。関東近郊の繁華街にある『ドトール』にて。20歳前後の男子大学生3人組である。お笑い好きな3人の矢印は二手にわかれて対峙するようだ。

男性A「なぁなぁ聞く？　聞く？　昨日コイツとオレん家でひと晩かけて考えた、どの層からも文句言われない次の『M―1』決勝メンツ」

男性B「いやマジでこれ考察したよな、オレらが賞レース出るんじゃね？　レベルでネタひとつひとつ分解までしたからね（笑）」

男性A「コレね……（と、決勝メンツの書かれたノート見せる）」

男性C「あー……ママタルトが入ってないからやり直し」

男性B「いや、まぁママタルトも最近スタイル完成されてきたけど、さすがにメディア露出少ないなって思って」

男性C「そこはでも入れなきゃだろ」

男性A「えーーマジか……」

男性C「あとモグライダーが入ってないから減点」
男性B「さすが。お笑いに関しては手厳しいな……（苦笑）」
男性A「いや、ここまでダメ出し食らうとは……。コレやっぱもうちょい詰めたいな、せっかくここまで来たなら。鈴木も知恵貸してよ」
男性C「え？　オレの？　利子つくよ？」

▽▽▽面白くない話し手の特徴として、しばしば目につくのは、客観視が苦手であったり視野が狭かったりという点。まさにこのダメ出し男性のことである。彼は、一見、洗練した鋭い意見を言っているようにも思わせているが、単に〝ストライクゾーン〟が人より狭いだけである。そこから1ミリでも外にズレると全否定するタイプだろう。それでも、ほかの2人からの、彼の〝お笑い審美眼〟への信頼はいささかも揺らいでいないのだが、「利子つくよ？」に対してはさすがに、「さすが」とは返さなかった。面白くないレベル★★★★☆

猫型ロボット

2022年8月某日、午後1時過ぎ。都内某所の『ガスト』にて。40代半ばの男性と20代前半の女性2人組である。趣味仲間なのか、はたまたP活の前哨戦なのか、〝猫型自動配膳ロボット〟を間に挟んで心理戦を繰り広げている。

男性「あの猫も、そのうちLINEスタンプになるよ」

女性「え〜確かにアリかも！　ちょっと欲しい」

男性「もう人じゃなくても、何でもタレントになる戦国時代だからな〜今。クミちゃんも、そのうち人気や部数取られちゃうかもよ〜？　自分磨きと自分探しやってる？」

女性「昨日部屋掃除して、〝床〟見つけたんですよ〜」

男性「さすがだね〜、いつでもコンサルつくから言ってね、その時は」

女性「コンサルよくわかんないけど、配信爆死したらその時はお願いしま〜す」

男性「てかさ、〝ペッパー君〟は案内だけだったけど、あの猫は配膳までできて、そのうち進化して料理持ってくる時、ジョークのひとつやふたつ飛ばされたら、もうオレいる意味なくなっちゃうんじゃねぇかって（笑）」
女性「でも、奢ってくれるロボットっていなくないですか？」
男性「話がウリなんだから個性消さないで欲しいけどねっ、オレとしては！」
女性「資産も個性ですよ～。猫ちゃん来た～」
男性「この猫ＬＩＮＥスタンプになるな、これ」

▽▽▽LINEスタンプ、戦国時代、自分磨き、コンサル……男女の日常会話で使うには少々香ばしいワードが飛び交っている。会話内での雑な扱われ方を「気を遣わずに話せる仲」「ワンチャンあるかも」に脳内変換しながら、年下にナメられている&興味ゼロという現実を、「それでもオレには面白さがある」というプライドで覆い隠してしまいたい意志も伝わる。男性からすれば本来は笑いで強気に攻めたいところだったが、聞き手の反応から危険を察知し、フワッとアドバイスする立場に急旋回。退避できたかに思えたが、女性のほうが一枚も二枚も上手なあしらい方を心得ており、明らかな実力差に悲哀が漂う。面白くないレベル★★☆☆☆

隠れ帰国子女

2018年5月某日、午後4時過ぎ。埼玉県内某所の『デニーズ』にて。大学生とおぼしき20代男性2人組である。日中から遊んで解散まであと30分といったところだろうか、ダラダラした気だるい時間が流れている。時間だけではない。どうやら片方の男子は、〝今日の喋り〟は十分にお腹いっぱいようだ。

男性A「あぁ〜だりぃ夕方からのバイト」
男性B「……バイトゥ」
男性A「？？？」
男性B「……隠れ帰国子女だから」
男性A「何その隠れキリシタン的なの」
男性B「……なのでご理解とご協力のほう」
男性A「つか聞け、先週のインカレの時に斉藤って子いたじゃん？　オレぶっちゃけ来週飲み行……」
男性B「……サイトゥ」

男性Ａ「……マジかお前。それもか。つかオレの話そんなにつまんない？　そーゆーこと？.？.」
（数分後。話題は変わって）
男性Ａ「単発バイトに切り替えっかなとか思ってて」
男性Ｂ「……バイトゥ」
男性Ａ「もうそのキャラいいよ、絶対何かコントに影響されただろ」
男性Ｂ「……コントゥ」
男性Ａ「……」

▽▽▽ボケへのマジレスに、意地でボケ続けた結果、面白くなさが哀愁にまで辿り着いてしまった。投げやりに「～トゥ」芸を繰り返しているように見えるが、「隠れ帰国子女」「ご理解とご協力のほう」と切り返すあたり、当人としては「一定の面白さは保っている」という認識なのだろう。ここまでくると、「日中、一体どんな会話で盛り上がっていたのか」非常に気になる。面白くないレベル★★★★★

内輪の焼きそば

2023年10月某日、午後8時過ぎ。埼玉県内某所で開催されていたB級グルメフェス会場にて。20代前半の男性3人組である。B級グルメ界の雄と言えば、焼きそば。3人のうち1人も買ったばかりのご当地焼きそばを頬張っている。

男性A「ちょい、コレ食ってみ？」
男性B「おう」
男性A「……どう？」
男性B「え？　普通に美味いけど？」
男性A「ぶっちゃけリョウの焼きそばと変わらんくね？　何ならリョウのほうが美味いまである」
男性C「いやオレの焼きそば食ってる時、毎回ベロンベロンだからでしょ（笑）」
男性A「来年出店アリだぞ、オレら」
男性B「オレら？」
男性A「リョウん家で食ってる時を完全再現しなきゃだから、お前もギャラリーとして要るよ。リョウのソファーとか丸々屋台に持ち込むから」
男性C「もはや単なる内輪ノリだろ……（笑）」
男性A「あ、オレそーゆーの違うと思うよ？　そんなこと言ったらダウンタウンなんて日本の内輪ノリやん。大きな目で見たら、すべてのモノが内輪ノリだかんね？　地球規模の内輪ノリでいいのよ、何も気にせず。地球ノリ」
男性B「……地球ノリ」

▽▽▽ご当地焼きそばと〝内輪の焼きそば〟が美しい対比になっている。呆れた友達からの「内輪ノリ」という正しい指摘に対して、「オレそーゆーの違うと思うよ？」の拗ねたトーンで自論を返した時は、祭りの高揚感とかけ離れた非常にヒヤッとする空気が流れた。本人としては無理矢理にでもウケに着地させようとしたのかもしれないが、自己中心的な発言の中にユーモアが入る隙は無いのである。事実、諌めてくれる友達の顔は笑っていなかった。面白くないレベル★★★★★

パネェ会話

2023年7月某日、午後7時過ぎ。都内某ターミナル駅近くの、とある大通り沿いにて。20代前半とおぼしき男性3人組である。夜になっても気温が下がらず蒸し暑い中で、ほどほどに長めの信号待ちを強いられている。

男性A「なんかさ、こう、あえて後悔してみたい時ってない？」
男性B「〝神ゲー〟より〝クソゲー〟をレジに持ってきたい時とか？」
男性C「あー、あるかも」
男性A「悔しさをバネにするタイプね」
男性B「ぴえん系よりもビヨン系ね」
男性C「ビヨン…あーバネが？」
男性A「パネェな、この会話」
男性C「どこまで続くよ？」
男性B「まだ始まりの始まりだから」
男性A「スタートラインにも立ってねぇぞ、オレら」

男性C「知らん間に会話がコムドットになってね？（笑）」
男性A「パネェ、道を開けろ的な？」
男性B「ぴえん超えてぱおん超えてビヨン」
男性C「あ、今のでなんかコムドット遠くなった」

▽▽▽女性の「ウチら全員キャラ濃くない？」は面白くないの前兆であるが、男性は「オレらならどこまでも行ける」がそれにあたる。大喜利的に言葉を転がしていくが、「ビヨン」に対する謎の手応えが足を引っ張り、なかなか先に進めない。「バネ」から「パネェ」への変換で動かそうと試みたものの、またバネへと戻ってきてしまう。迷路。面白くないレベル★★★★☆

夢見せた

2023年7月某日、午後3時過ぎ。都内某繁華街にある『マクドナルド』にて。20代前半の男性3人組である。どうやらメンバーの1人がフラれてしまったらしい。失恋直後の友達の話を聞いてあげる会が開催されている。

男性A「……いやマジで別れるってこんなにツラい？」
男性B「でもさ、お前はオレらや後輩に夢見せられたと思う」
男性C「何語り口調になってんの（笑）」
男性B「実際オレらの中で誰かユイちゃんと付き合えると思ったか？　1年の頃」
男性C「あー……そーゆー夢ね」
男性B「だってグーでパーに勝てるってことがわかったんだぜ？　それって常識を覆すことだってできる証明じゃん」
男性C「グーでパーに勝ってなくね？」
男性B「あ、キミら恋愛って、じゃんけんの〝三すくみ〟だってまだ知らない感じか」

▽▽▽自己流のズレた（間違った）例えを出して自分の首を絞めた末に、強気に出ることで自分が正しいと突き通そうとしている。夢見せてもらった側が、なぜ「恋愛がじゃんけんの三すくみ」と知っているのか。ちなみに「常識を覆す証明」は「オレらならどこまでも行ける」系と非常に近縁の関係である。現実を見てくれ。面白くないレベル★★★☆☆

マリオパーティ

2022年1月某日、午後6時頃。都内某所のスーパー銭湯露天風呂にて。20歳前後の男性5人組である。1人の実家が福岡にあるようで、春休みにみんなで遊びに行く計画を立てている。「マジックミラー号」などというアダルトビデオでお馴染みの、いかがわしいトラックも飛び出す危険な盛り上がりである。

男性A「もう思い切ってさ、福岡まで行かね？」
男性B「免許オレだけ持ってねぇ～（笑）」
男性C「やっぱこの人数だと、レンタカーな感じ？」
男性A「思い切って〝マジックミラー号〟借りね？」
男性B「借りるとか概念あんの？　アレ」
男性D「いくらかかんだよ（笑）」
男性A「いや待って、その流れだと静岡までオレ、コイツとマジックミラー号で2人きりじゃね？（笑）」
男性D「空間ムダにし過ぎだろ（笑）」

男性Ｅ「『マリオパーティ』すればいいじゃん？」
男性Ｄ「え？」
男性Ｃ「は？？」
男性Ｂ「いや、マジックミラー号で、なんで男２人でマリパするんだよ？（笑）」
男性Ａ「怖い怖い」
男性Ｅ「そうか？　オレ的にマリパ一択だけどな！」
男性Ａ「怖い、マジ怖いってお前。何考えて、それ一択なんだよ」
男性Ｃ「その発想お前だけだよ」
男性Ｅ「テレサだな！」
男性Ａ「なんだ？　どしたどした、コイツ今日」
男性Ｅ「オレ、アレ系のミニゲーム結構上手いよ？」
男性Ｂ「いやミニゲームとか言うな、変な想像しちゃうだろ、怖い怖い」
男性Ｅ「キングテレサじゃんっ、もう！」
男性Ａ「コイツこんなヤバいヤツだっけ？」
男性Ｅ「え？　ところでお前２Ｐ派？」

男性Ａ「いやいやいや、もうここ出よ？　コイツと一緒にここに居るのが怖過ぎる、さすがに！（笑）」
男性Ｂ「オレらがテレサだったパターンかよ！（笑）」
男性Ｃ「なんかお前さっきから……すげぇな（苦笑）」

▽▽▽男性は、ゲーム『マリオパーティ』に登場するオバケのキャラクター・テレサを、「怖い」に対する例として当てはめた〝例えツッコミ〟をする。恐らくこの暴走した男性は、マリオしか手札がなかった。そこに、柔軟性の乏しさが輪をかけて聞き手達を苦しめていく。普段この男性は話題の中心になることが滅多にないのではないか。メンバーから相手にされること自体に喜びと満足を覚えてしまったがゆえの暴走であろう。露天風呂というオープンエリア、声の大きさも仇となり、話し手以外のメンバー全員「面白くない」とわかっているのに、周囲に広まってしまう事態に。「すみませんね、店員さん。コイツこーゆーヤツなんですよ」の〝リアルすみません〟バージョンとでも言うべきか。面白くないレベル★★★☆☆

お前が歌い手だった頃

2021年7月某日、午後7時過ぎ。都内某所の居酒屋にて。20代前半の男性4人組である。何やらクリエイターとして許せないことがあるようだ。

男性A「最近思う〝クリエイターモヤモヤ〟聞いて？　たまにいるんだけどさ、SNSのプロフィールに〝物書き。ご依頼はDMまで〟とか素人で書いてるヤツって何か違くね？　〝物書き〟って何とでも言えるやろ、それ。絶対肩書きとしてそれ違うと思うんだよね」

男性B「どした急に？（笑）」

男性C「でもそんなこと言ってるけどお前も〝歌ってみた〟動画出してた頃、プロフィールに〝コーヒーはブラック派〟とだけ書いてたじゃん。あれこそ違うだろ（笑）」

男性D「せめて音楽に関すること書けよ（笑笑）」

男性A「い、いや〝ポケモンBWならホワイトだけど？〟的なフリがあって書いてたから、アレ」

男性D「いや、どのみち音楽……（笑笑）」
男性C「この後、ツタヤのインターネット音楽のコーナー、立ち寄ろうぜ」
男性B「懐っ！　もう300年くらいそのコーナー行ってなかったわ、オレ。アリだな、行こう！」
男性A「き、き、今日はやめようぜ」
男性C「あとお前、〝ブラック派〟のあと〝9と3／4番線から通学中〟にしてた時期もあったよな？」
男性A「も、もうニコ動の話、終了のお知らせっ！」

▽▽▽過去の自分の面白くない発言と、どう向き合うか？　これは大人になるための通過儀礼。SNSのプロフィール欄や動画投稿文には、センスの良いひと言を置きたい気持ちもとてもよくわかるが、少し立ち止まって考えてみて欲しい。目先のウケを得ようとしたそのたったひと言が、数年後、黒歴史となって自分の首を絞めるかも知れないということを。面白くないレベル★★☆☆☆

面白くない話の又聞き

2022年1月某日、午後1時過ぎ。関東近郊の『スターバックス』にて。20歳前後の女性2人組である。年明け、久々に会った2人はお互いの恋愛事情を語り出したが、共通の知り合いである彼氏の話題で何やら雲行きが怪しくなってきた。

女性A「最近アイツとはどうなの？」
女性B「まぁ、あんまお互いを知らない状態で付き合ったたってのもあるんだろうけど、運転中にさ、あの人やけに気性が荒くなるんだよね。普段DVしてくるとかは、そーゆーのは絶対無いんだけど、事故ってる車の前通り過ぎた時とか〝ざまぁ〟的なニュアンス醸してるのが、どうも引っ掛かるんだよねぇー」
女性A「えーめっちゃ意外なんだけど……」
女性B「そうなるよね、そうなんだよ。優しいと思って付き合ったんだけど、車で出掛けるたびに、隣で中学生みたいになられるの地味に心にくるっていうか。車乗る前から憂鬱なのよ」
女性A「でも、アイツこの前の焼肉の時、〝めちゃ頻繁に2人で出掛けてて順調だし、オレの話で毎回ゲラゲラ笑ってるよ〟って結構得意げに語ってたよ？」
女性B「いやゲラゲラって……（苦笑）。そりゃ笑ってやんないと、道譲る譲らないとか煽ってきてるとかすぐイキり出すんだもん、そっちのゾーンに入らないように気を遣ってんのよ、こっちは（笑）。いやてかさ、実際、話はあんま面白くない？ 付き合う前から思ってたけど。そこじゃないじゃん、あの人の良いところって、あの優しさっていうか……あー結局それもまやかしだった訳ですが……（笑）」
女性A「話面白くないのにイキるのはキツいねー」
女性B「面白くないから、心の底でイキってるのかも」
女性A「それ真理じゃない？」

▽▽▽確かに真理かも。自分の話で笑ってもらえていたら気性が荒くならないとい

うのは、「面白ければ最悪ナメられててもいい、ただし面白くなければナメられたくない」という彼なりのラインかもしれない。友達女性に「オレの話で毎回笑ってる」ことをわざわざ報告する一方で、ドライブ中のイキりについては意図的に伏せているあたりにそれがうかがえる。面白くない話を笑ってあげることが（言葉の）暴力を防いでいる、というのはもはやハラスメント的にグレーなラインだ。面白くない話はもはや一種の社会問題なのかもしれない。面白くないレベル★★★★☆

リアル・メルカリ

2022年4月某日、午後12時頃。埼玉県内某所にある『はま寿司』にて。大学生と思われる20代前半の男女2人組である。何やら男性は、フィクションとノンフィクションの間を行き来しているようだ。

女性「ねぇこれ見て、これ良くない？」
男性「え？　去年ツアーで売ってたヤツ？　マジ？」
女性「マジ。メルカリ、2000円」
男性「うわっマジか〜〜オレもそれメルカリで見たんだよね〜あの出品者のヤツ、リカちゃんが買ったのか〜〜結局！」
女性「そんなことある？（笑）　たまにする微妙にウソかわかんない冗談、それハマってるの？（笑笑）」
男性「いや、まだここの〝リアル・メルカリ〟は取り引き終わってないよ。1800円まで値引きできますか？」
女性「なんか始まった……（笑）」

男性「実はこのネタの値下げ、オレが〝リアル・メルカリ〟でやっときました」
女性「ん？？（笑）」
男性「リカちゃん、さっきの鉄火巻きも交渉してこうか？　やらぬ後悔より、やる後悔だよ。ちょっとこのまま築地まで行ってこようかなオレ」
女性「……アンタのそのブームが一刻も早く終わることを心から願うわ」
男性「あ～残念！　ブーム単品は値下げ受け付けておりません。申し訳ございません」

▽▽▽「強引な設定×確信犯的口調」は面白くない話の王道。女性の対応「なんか始まった」は否定しない優しさではなく、この茶番の流れに加担してることを承知で発している。アニメのセリフかのような「心から願うわ（やれやれ風）」を見ても、実際、女性が面白くないと感じてるのか判断し辛い。もしかすると、本当に面白くないのは男性のほうではなく、この女性のほうかも。面白くないレベル★★★★☆

野球の話

2022年10月某日、午後8時過ぎ。都内繁華街のとあるカフェにて。友人関係とおぼしき20代の男女である。男性は、野球好きらしいが、女性はさほど興味がなさそうだ。

男性「ごめん、さっきから野球の話ばっかしちゃって（笑）」
女性「ホントそれ。ほかにも話題あるでしょ（笑）」
男性「『ヤクルト1000』の話していい？」
女性「とか言って野球の話でしょ」
男性「ベーブ・ルースの話していい？」
女性「野球の話でしょ」
男性「ビールかけの話していい？」
女性「野球の話でしょ」
男性「球審白井の話していい？」
女性「野球の話でしょ」

男性「オオタニサンの話していい？」
女性「野球でしょ」
男性「鳥取の話していい？」
女性「いいけど」
男性「砂丘でしょ！」
女性「…………」

▽▽▽男性の中では、この会話はもう掛け合い漫才である。女性との間に〝サンパチ〟マイクが見えていたのかもしれない。一方、女性はあくまで雑談の範囲内とし か思っておらず、「野球でしょ」とツッコんであげるたびに気持ちが離れていって いるが、それと反比例するかのように男性のボルテージは上昇を続ける。想定より も〝オレの笑いについてこれる子〟という信頼と少しの遊び心から、ラストにとん ちクイズをブッコんだが放送事故。無念。面白くないレベル★★★☆☆

ハンコック・クイズ

2023年12月某日、午後6時過ぎ。都内を走行するJR電車内にて。20代前半のカップルである。一見、落ち着いた雰囲気の彼女が、楽しそうにクイズ遊びをしている。

女性「クイズです。尾田先生がハンコックを一番書きづらい理由は何?」
男性「え〜何だろ……見下しのアングルが多いから?」
女性「残念〜違います」
男性「う〜ん、常に美人にしなきゃいけないから」
女性「違いまーす」
男性「えぇー……あと何ある??」
女性「頑張って、答えて答えて!」
男性「戦闘スタイルが激しい?」
女性「不正解。ほら、ほかはほかは? あるじゃん!」
男性「ある? なくない? もう正解教えてよ」

女性「当てれるはずなの！」
男性「もうないって……あーじゃあ、ロビンと似やすい？」
（この後、5個くらい解答させられすべて不正解）
女性「ブブー。じゃあもう正解いくね？　正解は〝黒髪ロングのベタ塗りが手間〟だから！」
男性「ええ？　う〜ん、わかんないよ……」

▽▽▽もはや大相撲で言うところの〝かわいがり〟、あるいは拷問そのものである。何か仕掛けのあるクイズでもないのに、ここまで不正解を重ねても、ヒントひとつ出さずに延々と答えさせる理由がまったく見つからない。聞き手の彼が回答に悩み困る様子に対して楽しむ様子もなく、ひたすら「当てれるはず」と正解するよう求めている。厄介なのは、面白くなさよりも、その「真っすぐなしつこさ」だ。シン

プルゆえに、これ以上ないくらいの最上級の〝聞いてられなさ〟だった。こんなクイズに付き合い続ける彼氏は、きっと心根が優しいのであろう。そんな人の顔が少しずつ曇っていく時のハラハラ感たるや……。それでも嬉々として答えさせ続ける彼女の思考は、私の理解を越えている。面白くないレベル★★★★★

オーケストラ

2017年8月某日、午後1時頃。都内某所繁華街にある居酒屋にて。20代半ばとおぼしき男性3人、女性3人の6人組である。週末の昼間に3対3のランチ合コンのようである。盛り上がりを見せる中、1人だけなかなかその流れに乗れずにいる男性に仲間が気を使って話題を振っている。

男性A「どうした？　あんま喋ってないじゃん！」
男性B「コイツ、口開くと結構マシンガントークだから、今日気をつけといてね、みんな（笑）」
女性A「えぇ～意外！」
女性B「そんな風に見えないけどね？」
男性B「ちょ（笑）、その言い方（笑）」
女性B「いやっ、いい意味でいい意味で！」
男性C「いや〝奏でてんなぁ～〟って思って聞き入ってたわ（笑）、ごめん（笑）」
男性A「……うん？」

男性C「なんか指揮者の気持ちでいたわ、ごめん（笑）」
女性C「キャラ変？　キャラ変？」
男性C「〝今日のオーケストラいいな～〟って」
女性A「え？　てか斉藤君、吹奏楽やってたんだ！」
男性C「え？」
女性A「楽器何だったの？」
男性C「あっいや、やってないよ……？」

▽▽▽文脈をスッ飛ばすシュールなボケこそ、きちんと責任を持って欲しい。お前が始めた物語なんだから。面白くないレベル★★★★☆

初対面の人と話す時

2023年10月某日、午後8時過ぎ。都内某所にある『サイゼリヤ』にて。20代前半の男性2人組である。見るからに他人とのコミュニケーションが不得意そうな男性が、何やら自信満々である。

男性A「初対面で何話せばいいかわかんない時って、天気の話とかが無難と言われてんじゃん？」
男性B「あぁ確かにね」
男性A「オレ、角度つけようと思ってさ。最近、初対面の人と話すチャンスあったら、あえて地面の話してんだよね」
男性B「意味わかんねぇんだけど？（笑）」
男性A「いや、だから〝今日の砂利歩きやすいですね〜〟とかさ」
男性B「盛り……上がんの？？」
男性A「そりゃ天気の話よりは盛り上がるだろ。だって角度ついてんだもん」
男性B「捻ってるってこと？」

男性A「んー……まぁ、角度？」

▽▽▽それを捻ってるっていうんだよ。なんだけど、〝地面〟は捻れてないのよ。捻ってる＝盛り上がるワケではないのよ。仮に地面の話だとして、「今日の砂利歩きやすいですね～」は話題提供として限りなく最下層のレベルなのよ。友達も困ってるのよ。角度つけ過ぎちゃった？　面白くないレベル★★★★☆

サイボーグ

２０１９年５月某日、午前11時過ぎ。都内を走る私鉄電車内にて。20歳前後の男性と女性の２人組である。大学の友人同士のようだが、男性のほうは少しばかり女性が気になっているのかもしれない。出会う前の昔話で盛り上がっている。

男性「オレ、中学ん時卓球部でさ、地味に地元無双してたんだよね。単に周りがそんな強くなかったのもあるんだけど（笑）」

女性「え、すご〜い！」

男性「でもさ、表彰とかされる時さ、何て顔すればいいかわかんないじゃん？だから基本無表情を貫いてたら、影で〝表彰サイボーグ〟って呼ばれてて（笑）」

女性「それなんだっけ？……整形サイボーグか！」

男性「もう今、賞状やトロフィーもらうとかないからね〜。あとさ、横断幕とかなかった？　インターハイ出場みたいな」

女性「あぁ！　あったあった！」

男性「アレされた時も、まぁ基本サイボーグだよね〜って感じで。だって恥ずくね？　でもまぁ、大人になるにつれて色んなことに興味移るからね、視野が変わる」
女性「人間になれた？」
男性「戻れたね〜……」
女性「でも完全には戻れてないよ？　だって学食とかでさ、山田君達集まってるとそこだけ雑談サイボーグみたいになってるもん（笑）」
男性「え？　そんな風に言ってもらえるなんて嬉しいな（笑）」
女性「あれ？（笑）。ごめん、そんな褒めたわけではなかったけど……（笑）」
男性「なんだい、それ！（笑）」

▽▽▽男性は笑いのみに絞って会話を展開していたのなら、もっと女性のリアクションを細かく読み取れていたはず。だが、序盤、自慢話も盛り込んでいたために判断が鈍った。痛恨のミス。さらに言葉に抱くイメージの食い違い——男性にとっ

ては褒め（られてる）言葉のつもりだった「サイボーグ」が、女性にとってはそうでもない……むしろ逆だったという事実により失点を重ねた。武勇伝に面白さを加えようとすると、ただの面白くない話に成り下がること、自ら異名について語るとロクなことにならないこと、この2点はしっかり押さえておきたい。面白くないレベル★★☆☆☆

こんなオジサン

2021年12月某日、午後2時頃。埼玉県内の某駅直結のショッピングプラザに設置された〝ストリートピアノ〟前にて。50代前半の男性と30代前半の女性の2人組である。ピアノの音色に引き寄せられた男性が、おもむろに隣の女性に話しかけ始める。

男性「オレ、アレやっちゃおっかな？」

女性「え？　山本さん、ピアノ弾けるんですか？」

男性「そらぁもう学生の頃はバリバリやってたよぉ。ま、姉のヤツを盗み見て弾いてただけだけどね」

女性「独学とかスゴイですねっ！」

男性「だから基礎みたいなものはわからないよ？　でも気づいたら」

女性「そんな話初めて聞きましたよ！　じゃあせっかくだし、ぜひぜひ！」

男性「でもこんなオジサンが急に弾き出したら、ほかの演奏者が困っちゃうでしょ？（笑）」

女性「そんなことないですよ、さっき山本さん来る前に、お爺ちゃんみたいな人も楽しく弾いてましたし！」
男性「いやぁ……どうなんだろうね？　ほら、写真撮ってる人とかいるし、広まっちゃってもね……（笑）。オレ撮っても何も出ないからねっ！」
女性「……あ！　電車来ますね。もう２本くらいなら後のにも乗れますけど、どうします？　私、全然いいですよ？　急いでませんし」
男性「公共の物だしね。オレ弾き方にクセあるから、悪いな、それは。いやぁ温めてきたアレをとうとう出す時が、と思ったけど残念だなぁ」
女性「そうなんですね、私も無理にとは言いませんが……」
男性「時間があればなぁ……（笑）。また今度！（笑）」

▽▽▽「本気出したらオレ、ヤバいよ？」のイキりにも似たものを感じる。また面白くない話し手が手持ち無沙汰になるとよく行う、シャドウ・ピッチングにも紐づけられるかもしれない。〝自分は本来こんなものではないはず〟というコンプレッ

クスを抱えながらも、可能性を可能性のまま残しておきたい意志からこのようなテイにしたのだろう。転生モノのライトノベルでも書いていそう。ただもしかしたら、まったく弾けないというパターンもあるかもしれない。面白くない話レベル★★★★☆

カウンセラー

2019年6月某日、午後7時頃。都内某所にあるカフェにて。20代前半の男性と女性の2人組である。男性と女性は大学の先輩後輩の間柄らしい。愛嬌のある後輩女性からの相談とあらば、先輩として男性として、張り切らないワケにはいくまい。

女性「すみません、進路以外にサークルの話まで相談に乗ってもらっちゃって。加藤さん話しやすくて、ついつい喋り過ぎちゃうっていうか……」

男性「いやいや全然大丈夫よ。こーゆーの多いし、オレ。何ならカウンセラーの資格とか夏休みに取っちゃおうかな？　とか、ぶっちゃけ思ってて……(笑)。行く専攻間違えた感あるな、とか思ってて、最近（笑）」

女性「加藤さんになら何でも話せちゃいます！」

男性「いやだから、今度2人で飲みながらがっつり話聞いたりするよ？　しばらく実習もないし、時間空いてるし」

女性「本当ですか!?　じゃあ高橋君とかも一緒に〝加藤飲み〟みたいなのやりま

しょ！　やりましょ！　絶対楽しいっ」

男性「……ぉあ〜っと、高橋とも仲良いんだね、話したりしてたっけ？」

女性「高橋君にもサークルの話は1年の時から相談乗ってもらってて。サークル以外の話はまったくしてないんですけどね（笑）」

男性「ほぇー……そうなんだぁ。オレ、アイツと接点、地味にあんまなくてそこまで喋ったことないんだよね、大丈夫かな？（笑）」

女性「そうだ！　高橋君のお兄さん、確か何て言ったっけな……〝何とかアドバイザー〟みたいな相談を受ける仕事してるらしいんで、さっきの話とかできますよ、きっと！　あぁ〜なんかやっと楽しみできたかも！」

男性「……き、今日も楽しかったけどね〜」

▽▽▽後輩女性はいわゆる〝笑い上戸〟である。面白くない話し手を増長させるはずの笑い上戸が、逆に面白くない話し手を追い詰めるパターンは、ほとんど出会ったことがない。正直、これは男性側も同情の余地がある。相手が自分に心を開いて

くれていることを知ったこの男性は、まんまと乗せられ、その道を探求せんとする欲望を口走ってしまった。のみならず、男性は決して悪口を言われているワケでもないのに、どんどん傷ついていく。この場合、むしろ面白いと勘違いさせたほうが、まだ救いがあったのかも知れない。人を傷つけない社会を作るには、「〇〇さんになら何でも話せちゃう」を法律で禁止すべきだ。面白くないレベル★★★★☆

クリティカルすっとぼけ

2018年大晦日、午後11時頃。愛知県内某神社の境内に集まった20代半ばの男性6人（私含む）である。年に一度だけ、中学時代の同級生が集まる大晦日恒例の行事だ。その集いの最中、メンバーの1人が唐突にビッグニュースを投下する。

男性A「神社に来る前みんな今日何してた？」

男性B「まぁオレ、そもそも嫁も子どもも、今家にいてもらってるから……」

男性C「え？　え？　ちょっと待って待って、今〝子ども〟って単語が聞こえたんだけどっ！」

男性D「把握しきれない把握しきれない」

男性B「あれ？　オレ言ってなかったっけ？（笑）」

男性C「僕ら全員1年振りに会ってるんだから知れるわけないでしょ！　ちょっとちょっと世の中進み過ぎでしょ！」

男性B「いや、うん、まぁ普通に〝いますよね〟って言うか（笑）」

男性A「それは今日会って最初に言うレベルの重大発表よ、それ！」
男性B「そんな大声出すなって、マジ（笑）。大した話じゃないから（笑）。どしたよ、お前らさっきから（笑）」

（私が〝面白くない話〟を集めているという話になる）

男性B「えぇ〜、ヤバいじゃんお前（注：男性E。口下手で人がいい）、収集されちゃうよ？　コレクションされちゃうぞ、お前（笑笑）」
男性E「な、なんで僕!?　ウケ狙おうとかしないタイプでしょ、むしろ（笑）。その辺、気をつけてるんだから、やめてよやめてよ」
男性B「じゃあもうこれからオレ、お前が面白くない話したらすぐに伊藤に報告するわ、電話する電話！（笑笑）」

▽▽▽確信犯である。〝自分に子どもができたことをまだ誰も知らない〟とわかっ

た上で、ビッグニュースをさり気なく公開している。当然、古い付き合いの友人たちからすれば一大事なお祝い事を、〝自分にとって些細な出来事だけどね〟と自ら位置付けることで、2度羨ましがられたいのかもしれない。そういう層は誰の周りにも一定数存在する。一方で、「伊藤が面白くない話を収集している」と知るや、自身の、本当はすごい鼻息の荒さを見透かされまいとする小心さや気恥ずかしさも見て取れる。口下手な友人を突然引っ張り出すことで、どうにかしてフォーカスを自分から遠ざけようとしているわけだが、やはり、お祝い事は欲を出さず気持ちを整えてから、素直に伝えたい。面白くないレベル★★★★☆

4000円にぃ、なります

2020年10月某日、午後5時頃、埼玉県某所の会社事務所にて、40代後半の男性先輩社員と20代後半の男性後輩社員（私）である。とある作業中、ある作業用具が必要になりツール置き場に向かうと、収納棚の前にいた先輩に声をかけた。

私　「すみません、道具使わしてもらって……いいすか？」
先輩「ん？　何？　ここどいて欲しいの？　4000円にぃ、なります」
私　「あはは……ちょっと今修正入って急いでて……すみません（笑）」
先輩「毎度……ありがとぅ、ございます」
私　「すみません、ちょっとそーゆーのと違って……」
先輩「違うとかないから、伊藤くんは払わないとだから」
私　「この安月給じゃ厳しいなぁ……あはは」

（数日後）

私　「すみません、道具〜いいすかね？　取りたくて」
先輩「4000円にぃ、なります」
私　「おぉ……またそれ来た感じすね（笑）。デジャヴだなぁ（苦笑）」
先輩「この世の中、何でもお金で解決するもんだから」
私　「なるほどぉ、自分には厳しい世の中すね〜それは……」
先輩「伊藤くんのお金で、伊藤くんの宝くじ買わなきゃだから」

▽▽▽私自身が当事者になった面白くない話だ。ここから数本、そんな巻き込まれ事故を紹介しようと思う。「4000円にぃ、なります」の〝にぃ〟の引き伸ばすイントネーションから、面白くなさとともに先輩の粘着質な性格が垣間見える。「4000円」という価格設定は、仕事中というシチュエーションを利用することにより、相手を嫌な気持ちにさせるラインと〝オレは本気で言ってるよ？〟感の両立を絶妙なバランスで実現させている。冗談を吹っかけてくるものの、「後輩にボ

ケとしてツッコませたくない」意識があるのか、コントラストの効いた決め手となる部分がまったくないので、聞き手からは終わりを見出せないのも厳しい。さらに「違うとかないから」と逃げ道を封鎖され、正直、この時、本当に厳しかった。面白くないレベル★★★★☆

イケメン見なかった？

2020年8月某日、午後3時頃、埼玉県某所にある会社の事務所。40代後半の男性先輩社員1人と20代後半の男性後輩社員（私）である。唐突に先輩が話しかけてきたと思ったら、誰かを探しているようだ。念のために、登場人物はすべて仮名である。

先輩　「イケメン見なかった？　イケメン」
私　「え？　誰のことですか？」
先輩　「イケメンだよ、イケメン。1人しかいないじゃん」
私　「佐藤さんすか？　じゃあ…鈴木さん……（顔が整ってる同僚を上から順に挙げていく）」
先輩　「いや、さっきから全然違うって〜。イケメンだよイケメン」
私　「……あ〜、自分が事務所で姿見たのは佐藤さんと田中さんっすね！」
先輩　「イケメン見た？」
私　「……ごめんなさい、マジで誰のこと指してるのかわかんなくて」

先輩　「えぇ〜!?　山田（注：社内イチぽっちゃりのどう見てもヴィジュアル担当ではない人）だよ、イケメンじゃん！」

▽▽▽「イケメン」というひねりのないワードで、そこから一番遠い人をあえて言い表す。変化球ではなく大暴投である。この先輩社員は、自分が面白いと認識していればオッケー、それを聞き手の口の中に突っ込めればオッケーなのだ。面白さを見せつけたいというよりも、先輩という絶対優位な立場を噛み締めたいだけの、ある種のストレス発散かもしれない。こうした〝先輩ムーブ〟はヤンキーコンプレックスを持つ人にしばしば見られる。面白くない話を使った〝文化的オラつき〟とも言えよう。仮に、もしここで私が話に乗って「山田さん」と答えたらどうなっただろうか？「本気でイケメンだと思ってるの？」「あいつに言えって言われたの？」……等々、怒涛の問いただしに遭い、どの道ゲームオーバーに違いない。面白くないレベル★★★★★

先輩のプライド

２０１９年12月某日、午後５時頃。埼玉県内某所にある事業所のベランダにて。40代半ばの先輩男性と20代半ばの後輩男性（私）である。勤務先、休憩時間中のひと幕である。ある日のこと。勤務先の同僚の１人が実はかつてガチガチの不良――〝元ヤン〟だったことが発覚。そんなことがあった翌日、元ヤン同僚とは別の先輩社員が珍しく私に話かけてきた。

先輩「伊藤君は不良とかヤンキーとかじゃなかったの？」

私「え、僕ですか？　いや学生時代もこんな感じだったんで、全然ワルとは無縁な感じでしたね（笑）」

先輩「オレさ、別に不良とかではなかったんだけど、何故か不良達にも気に入られてて、何故だかオレだけ何もやられなかったんだよね。だからオレの方も外で偶然鉢合っても〝元気ぃ？〟って感じで挨拶しててさ。あいつら、やっぱオレから何か感じ取ってたのかな？　とか思いながら。オレ、兄貴もいたけど、別に兄貴は喧嘩とかしない大人しい奴だったから、それが理由でもないと思うんだよな。〝何なんだったんだろうな、あれ？〟って今でもたまに考えることがあって……。オレの友達もさ、挨拶してるの見るたび〝お前どうしたんだよ〟って（笑）。もう日頃からその不良達に色々やられてビビっちゃってるから、ソイツら（笑）。でもオレは何故か、やられなかったんだよな〜（遠くの空を細めた目で見つめながら）」

▽▽▽聞かれていない武勇伝や昔話を喋り出すことは、それ自体がとてもリスキーである。多くの場合、冷静な精神状態ではないからだ。例に漏れず、この先輩も「後輩にナメられたくない」という一心からか、不自然な追加設定を捻じ込み、自らの不安やコンプレックスの払拭に掛かっていくのは、素振りで威嚇し人を遠ざけるつもりが空振りで唖然とさせて人が遠ざかる、というパターンとも言える。聞き手に合いの手を挟ませることなく、最初から最後まで全て自分で説明し切るのが特徴的。言うまでもなく、一連のくだりは「伊藤は絶対に元ヤンじゃない」とわかった上で行われている。面白くないレベル★★★★☆

驕り

2024年5月某日、午後9時頃。山梨県内某所の居酒屋にて。30代前半の男女2人と私である。古くからの女友達と久しぶりに会ってひとしきり話し込んだ後、仕事帰りだという女友達の彼氏が合流する。

女性「そういえばあれ話した？　伊藤君」
私「あ！　今度、出版社から面白くない話の本出すことになったんですよ！」
男性「え？　帯、オレ書こうか？？」

▽▽▽決してマウントではなく、反射的偶発的な事故であった。この男性は、手数を多めに1つ1つのボケを大振りしない客観性を持ち合わせている。だが、それゆえ失敗自体が小さく修正の必要性を感じづらいせいで、絵に描いたようなスベりを見せてしまった。「面白い」に辿り着くまでの最短コースは、時に大きなリスクを伴う。面白くないレベル★★★★☆

休日の過ごし方

2020年4月某日、午前9時頃。埼玉県内某所にある会社事務所にて。40代後半の先輩男性と20代後半の後輩男性（私）である。休日明けの朝、会話する必要は取り立ててない状況で、先輩は不自然な丁寧語と、やけにもったいぶった口調で話し始める。

私　「あー、おはようございますー」
先輩「おはよう。伊藤君、この休み何してたの？」
私　「う～ん……本屋行って友達とメシ食ってたくらいですかね」
先輩「オレね……休日にもうどうにも暇でして……なんとっ、自分で髪を染めましてね。ぇぇ」
私　「そ、そうなんですか、自分で染めたりするんすね……」
先輩「いやオレも初めてでよ、それは。オレそーゆー事しないタイプだから。何となくわかるでしょ？　でも昨日はそうもいかず、まさかの自分で髪を染めましてね。ぇぇ……」

私「は、はぁ……そんでどうだったんですか？　染まり具合って言うんですか？」

先輩「いや見ての通り、ボチボチなんだよねぇ〜、コレが」

私「安上がりで良かったじゃないすか。市販のも使えるんすね。初知りでした」

先輩「いやぁでも、まさか自分で髪染めるとはねぇ……オレ自分で染めてる間にもビックリしてしまいまして、その行動に。えぇ」

私「そうですね……そりゃビックリですねっ！」

▽▽▽自分のする話なら何の工夫をせずとも面白い、と信じ切っている先輩。もしくは、多少の粗は後輩が拭うべきという考えかもしれない。それまで一度も出てこなかったへりくだりの丁寧語を使うことで、歩み寄りのポーズを取りながらも、繰り返される語尾の「えぇ」の圧。こちらを困らせようとする意図がじっとりと伝わる。〝オレは改めないぞ〟という意思……いや、〝オレは改められないんじゃない、あえて改めないんだ〟という強い意志が伝わる。面白くないレベル★★★★★

3章

集団没入×不発型

の面白くない話

レジェンド祭り

2023年8月某日、午後7時頃。都内近郊を走る私鉄電車内にて。20歳前後の男子大学生3人組である。連日最高気温35℃超えを記録するほどの酷暑にすっかりやられてしまったのか、終始テンションもフラフラと定まらない。その状態で会話のギアを全開にしてしまうのは、誰がどう見ても暴走行為である。

男性A「今年祭り行く?」
男性B「あんましたくない話題だなぁ」
男性C「今年行かないヤツは、みんなで〝夏のパン祭り〟な!」
男性B「これるってこと?」
男性A「パン教室始めるぞ」
男性C「ヤマザキさん誘う?」
男性B「いやもういいよ、ヤマザキさんは……。てか、乗ったオレがバカだったわ、それ由来かよ、夏のパン祭りって」
男性C「〝ハルナのパン祭り〟もあるけど、そっち行っとく?」

男性A「お前さ、血祭りに上げていい？」
男性C「わかったわかった、ごめんて2人とも。〝選べる3種のチーズパン祭り〟にするから許せって」
男性A「それってお好きなチーズなら何でも3種類入れられるあの伝説の!?」
男性B「じゃあレジェンド祭り、今年行っときますか！」

▽▽▽これが出ると9割以上の確率で面白くない話が始まる〝鉄板トリガーワード〟というものが存在する。そのひとつが、「ヤマザキ春のパン祭り」である。だが、それをここまで使い回すパターンは珍しい。3人全員が鼻息荒く、相手の言葉は聞き流しながら自分自身の言葉は省かずしっかり説明するターンを繰り返す。通常、会話大喜利が多発すると話が散り散りになりがちなのだが、全員がほかの人を一切見ないおかげで奇跡的に会話の足並みが揃っている。「ヤマザキさん」と「ハルナ」はフラれた相手か、元カノの名前だろう。それを入れ込むあたりも完成度が高い。
面白くないレベル★★★★☆

英雄の酒場

２０１９年12月某日、午後８時過ぎ。都内のとある居酒屋にて。社会人１、２年目とおぼしき男性４人である。全員が一度は野球を通っているようで、そこから共通の野球部トークで盛り上がるのかと思いきや、そこはやはり面白くない話。各々のウケたい思惑が交錯する。

男性Ａ「お前どこのポジション守ってたの？」
男性Ｂ「チーム守ってた」
男性Ａ「は？（笑笑）」
男性Ｃ「英雄気取んな英雄気取んなっ（笑笑）」
男性Ａ「英雄って何だよ（笑）。そこはヒーローじゃねぇの？（笑）」
男性Ｂ「いや、オレの見た目的にヒーローより英雄だろ、どう考えても」
男性Ｃ「こいつ英雄ぶってるけどマジ何なの？（笑）」
男性Ａ「ファースト守らせてもらえないヤツがチーム守れんの？」
男性Ｄ「都民守れよ」

全員　「？？？」
男性D　「いやっ〝都民ファースト〟で掛かってるから！」
男性A　「今のはお前ゲッツーだわ〜」
男性C　「やっぱお前ら2人とも英雄だわ〜！　勇気が違うよなっ」
男性B　「てか今思い出したけど、オレ、チームっていうかトンボでグラウンドを守ってたから」
男性C　「それは英雄だわ、確かに英雄！」
男性A　「これからお前のこと英雄って呼ぶね？」
男性B　「今日、オレ英雄だから金ねぇわ。ご馳走さんですっ」
男性C　「はぁ？（笑）　お前、なに英雄気取ってんの？？」
男性A　「これいつまでやるんだよ（笑）」
男性D　「冒険が終わるまでだろっ（笑笑）」
男性B　「やばっ！（笑）　じゃ、取り敢えず2軒目という名の次の街へ行きましょうか、皆さん（笑）」
男性C　「英雄、カバンと剣は忘れんなよ〜（笑）」

▽▽▽仲間内での面白いやりとり姿を周囲の人達へも見せつけたいという気持ちは、不必要なまでに声を大きくさせるものだ。百歩譲ってそれは許されるとしても、それほどウケ要素がなかったはずの「英雄」というワードを何度も登場させているのは疑問だ。ネタやややり取りの中で同じ言葉を2度、3度と使って笑いを大きくしていく〝天丼〟と呼ばれるお笑いの手法だが、1発目がウケたという前提があってこそ天丼は成立する。どうしてこんなことになったのか？　〝都民ファースト〟のくだりで1人が盛大にスベってしまったがゆえに、「下手にハズすとほかの3人から総ツッコミを食らって滑落死」という恐れを全員が抱いてしまい、結果、ボールを置きに行くように「英雄」が使い回されてしまった。そうなる前に誰かが一番自信のあるボールを渾身の力で投げ込んで欲しかった。たとえ痛打されたとしても。

面白くないレベル★★☆☆☆

最強キャッチ軍団、再び

2019年6月某日、午後8時頃。埼玉県某所の飲み屋街で〝キャッチ〟をする20～30代男性の3人組である。若手キャッチの1人の身に予期せぬ不幸な出来事が起きてしまったようで、それを相棒とおぼしきもう1人の若手が、先輩に報告している。

後輩A　「バシさ――――ん！　やべぇ聞いて――――！」
バシさん　「おぅっ！　どした（笑笑）」
後輩A　「この人、骨折した～～～！（と若手Bを指差す）」
バシさん　「ブワッハッハッハッハ!!（ウケ過ぎて屈伸ヘドバン）　何やってん？　何やってん？　何やってん!?」
後輩A　「いやなんか、理由がマジでヤバくて（笑）」
後輩B　「ちゃうんすよ、ちゃうんすよマジ。折るつもりは無くて……（笑）」
後輩A　「いやっ折るつもりで折るヤツいねぇーから！（笑）」
後輩B　「いやっなんか、新宿のほうフラついてて、〝めっちゃイイ女歩いてんじゃん！〟って思った瞬間、飯屋の突き出た看板に思いっきり頭打って転けて右手ついたら、これですよ？（とギブス痛々しい右手を見せる）」

バシさん　「ブワッハッハッハ!!（ウケ過ぎて再び屈伸ヘドバン）」

後輩B　「ゴンッッ！　てすげぇ音して倒れたんで、さすがにその女も心配してオレに駆け寄ってきて。〝おっ、これワンチャンあるんじゃね？〟っと思った瞬間、超絶ガチムチ男が後ろからバーッてオレ抱きかかえてきて……（笑）」

バシさん　「ブワッハッハッハ!!（ウケ過ぎて動きがダイスケはん化）」

後輩A　「運命だな運命。ミラクル入ってるからもう……（笑笑）」

後輩B　「ガチムチの野郎、〝あと自分面倒見るんで〟とか言ってその女追い返して。〝マジ何やってんねん!!〟ってなって、もう～～マジあり得んすわ！」

バシさん　「ブオッフォッフォッ!!（笑）　ゲフッゲフッ……（笑い過ぎてむせる）」

後輩A　「やべぇ、バシさんが死んじゃうっ（笑）。（唐突にシャドウピッチングし出し）ま、折らなきゃ損々……ってヤツですよっ」

バシさん　「…………（急に賢者タイム）」

▽▽▽会話中のふとした間や待ち合わせ場所など公衆での〝手持ち無沙汰からくるシャドウピッチング〟はたいていの場合、「面白くない話し手」であることのサインだ。周囲の視線がある場所で、たいしてきれいでもないピッチングフォームを披露してしまうという客観性の欠如は、会話にも直接影響する。それは突然ぶっ込まれた「折らなきゃ損々」の意味不明さにも表れていると言えるだろう。10年後、恐らくこのピッチング練習はゴルフの素振りに姿を変えて続いているだろう。面白くないレベル★★★☆☆

プラス？　マイナス？

２０２４年４月某日、午後11時過ぎ。都内某所の駅前に設置された喫煙所にて。20代後半の男性と20代前半の男性の２人組である。２人はスーツ姿で、どうやら同じ職場のよう。飲み会の帰りに一服、といったところのようだ。

先輩「いやまぁでも……今日ひとつ賢くなったな！（肩を叩く）」

後輩「あざす」

先輩「良いこと50あったら、悪いこと40は覚悟しといたほうがいい。そんくらいが丁度いいよ」

後輩「やっぱそうなんすね……学んだっす」

先輩「大丈夫、最終的にプラスになっから。心配すんな心配すんな」

後輩「助かるっす、っすっす」

先輩「あれ、てか電車大丈夫？」

後輩「いや……結構ヤバいっす」

先輩「いや言えって！　もう行こう行こう」

後輩「すんません……！」
先輩「あ、もう1本吸っていい？」
後輩「え？　あ、うっす」
先輩「ウソウソ！（笑）　え？　オレとの時間マイナス？」
後輩「プラスっす！」
先輩「いやマイナスの顔してるから（笑）。でもこの時間が最終的にプラスなるから！」

▽▽▽面白さで直球勝負できない人の一部は、「相手を困らせること＝面白さ」と間違った解釈で立ち回ろうとする。会話の主導権を握りながら相手を翻弄する様が、エンターテイメントとして成り立つと自負しているのだ。先輩は日頃のうっぷんを、後輩に気遣わせることで発散している。しかし、ビビりでお調子者という気質が顔を出してしまい、せっかくの主導権を握りながらも場をコントロールできていない。
同世代の友達はいないタイプである。面白くないレベル★★★★☆

やっぱこの感覚なんだよな

2021年8月某日、午後5時頃。都内私鉄の某駅構内のベンチにて。遅延した電車を待っている男子大学生3人である。電車の到着を待つ間、恋愛話が展開されているのだが、照れ臭さからか今ひとつ、盛り上がりにはかけているようだ。会話が盛り上がるきっかけを何とか探し出そうとしていると、「そっちじゃない」方向に迷走し出してしまった。

男性A「もう何かさ〜、そもそもコイツの性格云々よりもさ、ぶっちゃけお前が恋人に求めることって何?」

男性B「一緒にゲームやってくれる、黒髪ショートボブ、頭の回転が早い」

男性A「……の中のどれが一番譲れない?」

男性B「いや3つとも」

男性C「おいっ! 3つ全部はさすがにダメだろ(笑)。それはお前、〝強欲な壺〟だわ」

男性B「ニコるんビーム出るぞっ」

男性A「危ない、触れたら死ぬぞっ（笑）」
男性B「ゆきぽよレーザー！」
男性C「ゆきぽよは何も出さないだろ（笑）」
男性A「てか、ゆきぽよ、フルネームすら知らないし（笑笑）」
男性C「長門有希でしょ」
男性A「いや、ハルヒ（笑笑）」
男性B「そんなお前にゆきぽよレーザー！」
男性A「えっ？　てか待って。今ググったら長門とゆきぽよって、有希の漢字同じなんだけどっ（笑笑）」
男性C「やばっっ（笑笑）。ゆきぽよの憂鬱じゃん、これ」
男性B「ここで敢えてのゆきぽよレーザー！」
男性A「お前それ異様に気に入ってるけど、何なの（笑）」
男性C「コイツと絡むと憂鬱だわ〜」
男性B「こんな時代にゆきぽよレーザー!!」
男性C「お前が原因だから（笑）」

男性B「あーなんかオレの求める譲れない条件が、今わかったかも！　このオレらのいつもの会話の感覚について来れることだわ」
男性C「あーーわかる、それな」
男性A「大いにそれは同意」

▽▽▽知らない人のために説明しておくと、「長門有希」は人気アニメ『涼宮ハルヒの憂鬱』に登場するヒロインの1人である。彼女の名前〝有希〟がタレントの〝ゆきぽよ〟こと木村有希と同じであった、ということが彼らにとってのトリガーだった。ここからブチ上がっていく会話の中で圧倒的輝きを見せたのは、「ゆきぽよレーザー」とそれに対する絶対的信頼感。面白いとか面白くないとか、もはやそんな物差しが馬鹿馬鹿しくなる程、自信に溢れた会話アプローチだ。〝このオレらの感覚〟がどこまで通用するのか知りたくなった彼らが、ＹｏｕＴｕｂｅやポッドキャストで配信を始める日もそう遠くはないはずだ。面白くないレベル★★★★☆

魅せるオレのフリートーク

2020年1月某日、午後2時頃。都内某所にあるカラオケ店にて。選曲中に流れるDAMチャンネルに、新曲を宣伝する知らない若手の男性4人組バンドが映る。ボーカルは限られた時間内で、新曲の魅力と同じくらい自身のトーク力もアピールしたいようだ。

ベース「ハイ、ということで今回僕らの新曲のテーマは冬の景色なんですけど、冬って皆さんどんな過ごし方してますか？　何かあります？」

ボーカル「あ、じゃあボクいいですか？　毎年、年末年始ボク実家帰るんですけどね？　まぁコタツでゴロゴロしながらミカンとか食べんだけど、これが普通じゃなくてですね？　みかんの皮で北海道を作ってですね？　それをオカンの鏡台に毎日置き続けるというライフハックをさせてもらってますね、ハイ」

ドラム「……何のライフハックなんだよっ」

ギター「オカン可哀想……（笑）」

ボーカル　「まぁ北海道テロということで。以上、〇〇〇〇でした〜！……オカンごめん！」

▽▽▽ジャンルを問わずファンならどんなＭＣでも笑ってくれる。しかしその経験は本人にとってあたかも「自分はトークもいけるタイプ」と勘違いを生み、ふとした平場で事故を起こしてしまう。〝何気ないトーク〟というテイの合間合間に挟まれる「〜してですね？」に溢れるウケたい意志が感じ取れる。バンドだとサークルの延長線上で花開いた場合も多く、笑ってくれる客が内輪の友達からファンへとナチュラルに変化し、気づけるタイミングがない点は同情してしまう。笑いのハードルを下げるということは、面白くない話し手を生み出すリスクを伴うと肝に銘じたい。面白くないレベル★★★☆☆

4年間の軌跡

２０１２～２０１５年の４年間、都内にある某私立大学軽音サークルがライブハウスで開催していた定期演奏会にて。ギターボーカル、ベース、ドラムの20代男性３人である。大学やメンバーと私は何も縁はなかったし、ずっと同じ邦楽ロックバンドをコピーし続け、変わり映えしない選曲を繰り返した演奏会にも惹かれるものはなかったが、ＹｏｕＴｕｂｅにアップされ続けていた演奏会のＭＣパートには、彼らの生き様が詰まっていた。

1年目
（緊張しながらも平静を装う形で）
ボーカル　「組んで間もない僕らなんですけど、僕らなりに伝えたいこと伝えます
（このセリフもロックバンドのコピー）」

2年目
（そこまでは台詞も基本コピーだったが、最後の曲の前、急にかしこまった雰囲気

からガラッと変えて素の声のフリートークで）

ボーカル「おい、ベース喋れよ（笑）　なになに？　今日そーゆーモードなの？（笑）
練習の時、トークショーしてたじゃん（笑）」

ベース「……いや、おいやめろってマジで……ぁ、今日はよろしくお願いします」

ボーカル「コイツ、ライブになるとすぐこうなんだよね（笑）。何だろう？　お前
それじゃ女の子寄ってこないよ？？（笑）」

ドラム「それ言ってるヤツは寄ってきてんのか？　っていうね」

ボーカル「つ、次の曲いきまーす」

3年目

（基本的に2年目を踏襲しつつ、サプライズでバンドメンバーの誕生日祝い。ボー
カルが勿体つけて渡したプレゼントは靴下で）

ボーカル「僕なりに彼へのエールです」

客「…………」

4年目
ボーカル「あれから……4年経ったけど……相変わらず……オレは歌もギターも上手くないままで……でも……でも僕たちは歌うことしかできないんです！」

▽▽▽ライブMCとは、ついさっきまで大音量で演奏していた状態から、静まり返った中でマイクを通したアカペラ喋りという、実はとてもハードルの高いシチュエーションだ。そんな中、2年目のドラムのボーカルに対する突っ込みからは、ボーカルが正直サークル内で受け入れられていない事実が浮かび上がる。たぶんそこそこウザがられている。大学3年生にして、〝ユーモアも加味し観客をも巻き込んだサプライズのプレゼントが靴下〟という点に、客観性の足りなさが出てしまっている。卒業後、ミュージシャンではなく一般社会に進んでいくのだろうが、その道は、大学生気分が抜け切ってない新社会人によくある「ウチら同期、全員キャラ濃過ぎ(笑)」ムーブへの最短ルートである。面白くないレベル★★★★★

面白くないヒト科

2019年6月某日、午前11時過ぎ。関東近郊にある動物園にて。大学1年生と思われる男子4人による〝ショーケース〟が披露されていた。道行く人達は、彼らのノリを存分に、否応なしに、味わうことになった。

男性A「ちょ！（笑）ヒト科の動物が檻から脱走してる！」
男性B「は？　何お前（笑）」
男性C「勝手に店で買って食べちゃダメだろ（笑）」
男性D「賢過ぎるだろこのヒト科の動物」
男性C「食べ物は決められた時間に決められた量だけしか食べちゃダメだろ（笑）」
男性B「いや、お前らだってヒト科だろ、何でオレだけなんだよっ（笑）」
男性A「いや、オレらはヒト科動物保護団体だから（笑）」
男性C「お前の味方よ味方。安心しろ安心」
男性D「迂闊に近づくな近づくな、今機嫌悪いからこの動物。手伸ばしたらケガするから（笑）」

男性B「子どもとかビビっちゃってるからマジ、勘弁しろし（笑笑）」
男性A「オレちょっと担当の飼育員さん呼んでくるわ！」
男性B「マジ頼むわ！　オレここでこいつ見張ってる」
男性A「あっ！　逃げた逃げた!!　捕まえろっっ（と大人の全力疾走を見せつける）」

▽▽▽笑いを取ろうとする時、人はナイーブになりやすい。極力恥をかかない、スベらない状況を見極めようとする。その例に漏れず、この大学生達も、悪ふざけの中にも要所要所で保険を掛け合っている。客である自分達を無下に扱うことのない動物園スタッフに矢印を向けたかと思えば、周囲にいる人への配慮を見せたりすることで、周囲からのトゲトゲした反応や冷たい視線を封じようとしているのかもしれない。結果、一連の会話の中で、誰も一度も明確にはスベらずに済んだ。だがハッキリとしっかりと誰かがスベらなかったことで、この面白くなさが生まれてしまったとも言えるだろう。純度が高い。面白くないレベル★★★★☆

逆手

2024年3月某日、午後1時過ぎ。埼玉県某所の商店街にて。20代前半の男性4人がおにぎり屋のテイクアウトの行列に並んでいる。待ち切れなさが溢れ出してしまい、危険な盛り上がりを見せてる。

男性A「マジ花粉ヤバ過ぎだろ！」
男性B「オレ、スギなんだよな、何とかなんねぇのかよ……」
男性C「呼び捨てするなんてワイルドだろぉ～」
男性D「そのブチ込み自体がワイルドだよ」
男性A「スギって、そのスギね（笑）。今、理解追いついた」
男性D「袖ちぎるぞ！」
男性B「前髪上げろ、ほら！」
男性C「ちょおま……止めろって！　それは無しだろ」
男性A「おでこに花粉が付くしな」
男性D「おでこでくしゃみするから」

男性C「……デラッ、クス！」
男性D「へ？　お前何言ってんの？」
男性B「前髪上げられたいの？」
男性C「オレが間違ってた、今は安村だな、確かに」
男性B「どっちにしてもデコは出せな」
男性C「え？　デラックスもう1回聞きたい？」
男性D「おい、自分がスベったのを逆手に取るなよ（笑）」

▽▽▽これは面白くないと自覚してからの物語。デラックスくしゃみの男性の〝回避〟優先順位は「おでこ露呈∨面白くなさの露呈」となっており、若い男性にしては珍しいケースだ。自分がスベったことは自覚しつつ、自分ではなく「デラックスくしゃみがスベった」という解釈で上手く切り返し、待機列の中という状況も活かしながら、「周囲の人に、面白くない人の友達として認知されてしまう」危険性を〝脅し〟に使っている。面白くなさの自覚的暴力。面白くないレベル★★☆☆☆

ポンポン

２０２３年11月某日、午後7時頃。都内某所にある『ＬＯＦＴ』の文房具売り場にて。20歳前後の男性４人組が様々な種類のボールペンを〝試し書き〟している。この場に来る前、すでにバフがかかった状態のようで、文房具コーナーには似つかわしくないホクホク感が漂っている。

男性Ａ「試されてるぞ、お前」
男性Ｂ「やめろよ（笑）。普通に買うから、ちゃんと悩ませろ。向こう行ってろって」
男性Ａ「ここに何書くかでセンス決まるから」
男性Ｃ「試練だぞ」
男性Ａ「落ち着いてけ、いつも通りいつも通り（背中ポンポンポン）」
男性Ｂ「変な緊張感やめろやめろ（笑）」
男性Ａ「右下ガラ空きだぞ（背中ポンポンポン、肩に腕を回す）」
男性Ｂ「もう叩くな、ブレるだろ」

男性D「心がブレてるんじゃない？」
男性B「……あ、やべ（紙を破る）」
男性C「どした、何？　持って帰る？」
男性B「いや、本名フルネームで書いちゃったから（笑）」
男性A「次行こう次！（背中ポンポン）」
男性B「司令塔任せた！」
男性D「次に繋げよ」
男性A「お前だぞ、次」
男性C「え？　これリレー？」
男性A「早くマイペン持ってこい持ってこい！」
男性C「あ〜もう、はい！　パス！」
男性D「うし、任せろ！」
男性B「……いやっオレのフルネーム書くなって（笑笑）。ちょマンションの名前！　止めろ止めろ（笑）」
男性A「今日のコイツ（ペン）は誰にも止められないから」

男性D「ボールペンは友達！」
全員「ドワッハッハッハッ（笑笑）」
男性A「……死ぬ……死ぬて（泣笑）」

▽▽▽高校生気分が抜け切っていないのか、それともルサンチマンなのか、文化系の場に体育会系のノリを持ち込むことで何かを得ようとしている。実際のサッカーはまったくやらないが、サッカーゲームをやり込んでウンチク垂れるタイプと重なって見えたのは私だけだろうか。文房具コーナーはそんな彼らにとって自分よりも大人しそうな人達しかいない。さらに、試し書きは人目に晒されてはいるが、書いた紙をブラインドすることで、スベっても誤魔化しが効く。安全が保障されたオアシスである。面白くないレベル★★★★☆

お名前を書いてお待ちください

2024年3月某日、午後3時過ぎ。都内某所の雑居ビル地下1階にある『サイゼリヤ』にて。20代前半の男性4人組である。ランチタイムを過ぎてはいたが、地上階への階段には大勢の客が順番待ちをしている。そんな中、順番待ちの記名簿に書き込んだ〝偽名〟当てクイズが始まった。

男性A「当ててみ？　当ててみ？」
店員「4名でお待ちの〜竹中様〜」
男性B「えぇ〜違うだろ」
男性C「ほらね」
男性B「あぁ、アレは竹中だわ」
男性D「呼び捨てやめとけって、聞こえてるから」
男性C「何だよ〝アレは竹中〟って笑」
男性B「カッカカッカッ（笑笑）」

（…………）

店員　「4名でお待ちの〜……」

男性D　「おぉ!?」

店員　「ミナモトの…ノリヒサ様〜」

男性B　「？？　なんて？」

男性C　「え？　お前？　てかオレら？」

男性A　「いや、もう行こう……これだから」

男性B　「てか、この空気どうすんだよ」

男性A　「ほら早く行けってみんな待ってるから……。〝頼朝〟の漢字って間違ってた？　あれ？　合ってるよな？……えぇ？」

男性B　「書いたのコイツです、すみませーん」

男性A　「……おい、やめろって」

▽▽▽「答：源頼朝」はさすがにクイズのつもりはなく、ここで笑いが取れることを前提としたチョイスである。歴史上の人物が出てくるという不意を突くタイプの笑いだが、男性1は不意打ちの威力があるゆえに、大振りにボケた名前は選ばなかった。つまり、彼にとっては席に案内されてからの雑談に備えた軽いジャブ、場の中心人物になるのが目的だったのだが、随分とひどい形で達成された。面白くないレベル★★★★☆

鳥人間コンテスト

2024年2月某日、午後9時頃。関東近郊の繁華街にある『マクドナルド』にて。20歳前後と思われる男性4人組である。若者男性同士にありがちな〝面白マウンティング〟は一見発生してないように見える。話題もつき脱力したテンションで雑談していたが、それは嵐の前の静けさに過ぎなかった。

男性A「お前さ、最近牙が抜けたよな……。元々修学旅行で木刀とか買うヤツだったじゃん」
男性B「バンドやってたし」
男性C「いや、目標がなくなった」
男性B「オーディションみたいなの出れば？」
男性C「何のだよ……（笑）。やる気ない。鳥人間コンテストくらい、いかないとやる気ない」
男性B「出るとして何でいくの？」
男性A「ワシ？」

男性D「カモメ？」
男性B「ブルーバード？」
男性C「それは弾いてたヤツな」
男性D「ケンタッキー？」
男性C「昨日の夜、食ったヤツな」
男性A「ヒマならワンチャン？」
男性C「（飲んでいる『Ｑｏｏ』を指して）コレ、果汁10％未満なんで力出ないすね」
男性A「やる気出せよ、お前〜。やる気、元気、白ブドウの木だろ？」
男性B「……くぅ〜!!」

▽▽▽「鳥人間コンテスト」は会話大喜利を誘発する危険なワードだ。これが街中で聞こえてきたら、「春のパン祭り」と同じか、それ以上の高確率で面白くない話を聞くことができる。探り探り始まったやりとりは、このキラーワードの出現によ

り、全員が一斉に大喜利戦闘態勢に入った。この場合、ツッコミが映える絶妙に捻りのないボケが最適解なのだが、〝自分が一番笑いを取りたい〟4人にこのパスを出す選択肢を持つ者はいない。結果、最後の3行で笑いを取り合う形になったが、最後、大オチの「くぅ～‼」は、当時流れていた『Qoo』のCMの決めゼリフ。顔のすべての表情筋を使いながら噛み締めるような「くぅ～‼」には、ほかの3人も〝まぁ、そこまで欲しいならいいよ〟と諦めさせる突破力があった。面白くないレベル★★★★☆

木になりたい

2018年10月某日、午後8時過ぎ。都内渋谷駅のハチ公前にて。20代半ばとおぼしき男性4人組である。今日は金曜日。仕事終わりに飲みにいくのだろうスーツ姿で仲間と待ち合わせをしているようだ。1週間分の疲れと週末への楽しみが入り混じっている。

男性A「もっとこうさ……なりたい自分とかないの？」
男性B「もう疲れたっす、木になりたい……」
男性C「〝木になりたい〟はお前駄目だろ……。1ミリも能動的じゃない答えだわ」
男性B「わかんないすよ？　めちゃ良いかも知れないし」
男性C「もういい、コイツに言ってやれよ、今何になりたいか？　うん？」
男性D「オレ？　焚き火になりたいよ」
男性C「いや、木から離れろってお前ら」
男性B「焚き火すか？　物的じゃないのもアリすか？」
男性D「温まりたいよ、温もりが欲しい」

男性A「手をかざしてさ、こうやって……」
男性C「魔法みたいじゃん（笑）」
男性B「絶対、炎系じゃないすか！」
男性D「ボルケーノ的何か（笑）」
男性C「男共の大和よ、これは！」

▽▽▽待ち合わせ場所など周囲に沢山の人がいる＋複数人という状況は危険である。盛り上がっている姿を見せようと、大袈裟なやり取りに走りがちだ。仕事終わりだからかスローな立ち上がりだが、全員、きっかけさえあれば、いつでも大喜利に入れる準備ができたところで、1人が「ボルケーノ」とシュートを打つ。案の定、イマイチ飛ばなかったボールを、もう1人が「男共の大和」と思い切り決めに行った。が、熟慮せず叩き込んだためワードチョイスが微妙で、内容より声の大きさで押し切ろうとするパワープレイに。それによって大声で言い間違いまで披露するハメに。これが社会で疲弊した大人達のカラ元気だ。面白くないレベル★★★☆☆

匠の技

2019年4月某日、午後2時頃。埼玉県内某所にある『スターバックス』にて。20歳前後の女性3人組である。若さ溢れるテンション、そして容赦のなさが無意識のうちに店内中の注目を集めてしまう。

女性A「あの日、ホンット楽しかったねー」
女性B「スマホを無くさな、きゃ、ね！」
女性A「それ言われたら黙るしかないわ、ウチ」
女性B「あの時間から警察署巡りヤバいて」
女性C「チェーンで繋いどきな、もう」
女性B「ミナト（注：彼氏）にチェーンもらったら？（笑）」
女性A「この見た目でチェーンは100パー地雷」
女性C「財布は犬じゃないから！」
女性B「彼氏はお財布なんじゃないの？」
女性A「一部財布」

女性B「イコール一部犬じゃん！」
女性C「ゴールデン・ミナト・リバー？」
女性A「金目当てとかかってるの、匠過ぎるんだけど（笑笑）」
女性B「ラブラドール・ミナト・リバーに昇格しないと……（笑）」
女性C「『COACH』柄の犬、ヤバいから普通に」
女性A「高知県じゃね？」
女性B「はぁ？（笑）」
女性C「もっかい四国行きたい～」

▽▽▽面白さとは無関係に、誰かの意図的な冗談によって、その場の〝笑いスイッチ〟がオンになることがある。この場合、「イコール一部犬」がそれである。そしてそのスイッチは急にオフにもなる。言葉遊びのアプローチが変化した「COACH柄の犬」に対して、瞬時に意味を理解できなかった1人が放った「高知県」により、笑いのスイッチが切れる。ここからフラットな会話に戻っていくのだが、「もっ

かい四国行きたい〜」は人数が3人だからこその〝よそ見〟である。男性と違いオンオフ切り替わりの際の〝賢者タイム〟がなくシームレスなのも特徴的だ。面白くないレベル★★★☆☆

骨で見つかる前に

2017年10月某日、午後1時頃。都内某繁華街にある『スターバックス』にて。20歳前半の女性2人組である。アパレル関係の仕事に就く彼女達だが、何やら会社のぶっちゃけ話で盛り上がっている。

女性A「新旧ウチらの代全員、目の敵にしてるよね?」
女性B「まさか1期生にこだわりがあるとは……」
女性A「あーゆー人は〝古参アピ〟するんだね(笑)」
女性B「本社の人と話す時、わざと博多弁使ってるくない?」
女性A「誰か聞いて欲しい〝村上さん、方言すごいですけど、出身どこですか?〟って」
女性B「飛ばされるよ?(笑)」
女性A「実際飛ばされた疑惑の人いたよね、あの茨城行った人?」
女性B「志賀さん?」
女性A「そう! 骨格だけイケメンの!」

女性B「でも鶴橋さんのほうが、もっと冷たい目で見てたよ。〝全員ゴミだ〟みたいな」
女性A「でも、あながち間違ってなくてさ、ぶっちゃけ粗大ゴミになるか？ 1期生の傘下につくか？ だよ。」
女性B「ウチらは人間でいたいから、ここ離れようね、ガチで！」
女性A「志賀さんが骨で見つかる前に！」
女性B「村上さんの骨が見たいのに！」
女性A「それはダメ！（笑）」
女性B「いや、そっちじゃなくてダイエット的な？」
女性A「じゃあもっとダメだ、志賀さんの骨のほうが早いわ」
女性B「飛ばされた志賀さんvs飛べない豚な」

▽▽▽皮肉を込めた冗談というものは、的から大きく外れないためスベりにくい。しかしテンション高く放ち続けてしまうと、そのスベり止めも効かなくなってくる。

この女性達の面白くない話は、ほかの面白くない話に比べれば、「面白くない」と断言できるほどではないかもしれない。だが骨格だけイケメン等、突っ込んだ言い回しを多用しながらボルテージを上げていく割に、明確に「面白い！」と思える箇所がひとつもない。特に最後の〝vs〟の言い回しは、しっかりとテンプレートに嵌め込むアプローチをとっていながらも、決め手には欠けている。面白くないレベル

★☆☆☆☆

元祖せせらぎ女子

2016年5月某日、午前11時過ぎ。愛知県某所にあるカフェにて。20代前半の女性4人組である。メンバー女性の彼氏のグチを聞いて相槌を打つまでは良かったのだが、突然、話題は無軌道に転がり始める。

女性A「〃そっちが男友達と飲みに行くんなら、じゃあオレも行くね？〃みたいな」
女性B「あれマジなんなの！」
女性A「隙あらば浮気しようとしてんじゃん！」
女性C「こっちとスタンスが違い過ぎるんだよ〜」
女性B「ユキが女神過ぎるのもある」
女性A「こんな暗い女神いる？（笑）」
女性B「じゃあ今から光を当ててくれる人探す？」
女性A「……今まで通り木陰で頑張るわ」
女性C「大丈夫、アンタは元祖せせらぎ女子だから」
女性B「ウチも木陰に隠れられるようにガチで痩せよ」

女性A「でもマイの聖母な感じも捨てがたいよね」
女性B「大樹目指したほうがいい」
女性C「ゴチャゴチャした都会じゃなくて、もっと草原とかに咲くべきだと思うの」
女性A「三代目マザーテレサは過言じゃない」
女性D「うん、もうそろそろツッコミ入れていい？」

▽▽▽「ツッコミ入れていい？」の彼女に、むしろここまで泳がせた理由を聞きたい。ただ問題は、彼女の〝ゲームマスター〟ヅラだけでなく、メンバー全員である。話題に上がっている男性を中心に、色々な角度からのグチやディスりをテンポ良く発したつもりなのだろうが、全員の満遍ないスキル不足から、統一性のない言葉の拾い合いが続いてしまった。本人達としては、まさに〝ウチら全員キャラ濃くない？〟を信じて疑わない状況なのだと思われるが、お遊戯会のような聞いてられなさである。面白くないレベル★★★☆☆

伊豆

2024年4月某日、午後9時過ぎ。埼玉県内某所にある『スターバックス』にて。20歳前後の女性2人組である。2人のうち1人が、バイト先の年上男性社員からアプローチをかけらているらしい。

女性A「これ25歳の社員さん、多趣味らしくて〜」
女性B「人脈広がるじゃん！」
女性A「サーファー？　ほかにもフィルムカメラとか車とか。コレ、〝オレのインスタ、良かったら〟ってフォロー返してないけど。なんか下手に手出して来なそうじゃない？」
女性B「いや、でもさっきのは〝本当は彼氏いる？〟って探りたかったヤツ」
女性A「てかっ実家が伊豆なの!!　しかもフィルムカメラ！」
女性B「伊豆はいいね、伊豆はいいよ」
女性A「乗ってる車がこのサニトラ〜」
女性B「マジ渋い。人脈広がるし、行こ行こ」

女性Ａ「視野、伊豆まで広げよ」
女性Ｂ「てか純粋に伊豆に行きたい気持ち、〝いつメン〟で。伊豆メン」
女性Ａ「ふぁあぁあぁ～（あくび）……ウチ、今日何にもしてないから全然眠くない」

▽▽▽謎のトリガーワード〝伊豆〟により冗談認定のハードルが下がりに下がって地面に着いている。伊豆という単語に寄せる２人の絶対的信頼が、〝春のパン祭り〟と同等である。しかし最後の「伊豆メン」ダジャレで１人は正気を取り戻したのか、あくびを利用して、消臭スプレーをぶっかけるかの様に面白くない話を無かったことにしようとしている。だが、表現含め後処理がまったくできておらず、「伊豆メン」と目くそ鼻くそである。面白くないレベル★★★★☆

助手席の妖精

2024年4月某日、午後9時過ぎ。都内某所にある『スターバックス』にて。20代前半の女性2人組である。世間がまだ気付いてない自分のアピールポイントについて語っているようだ。

女性A「ウチね、コレだけは自信あるんだけど、ドライブ行った時とか助手席でめちゃ楽しませれると思う。お喋りな妖精と思って欲しい！」
女性B「良過ぎか！」
女性A「どんな具でもおむすびにできるから。オールジャンル」
女性B「確かに相手の話聞きながら、盛り上げる節あるよね」
女性A「手のひらでコロコロしちゃうのよ。話をね……うわぁ、ここで男をコロコロできないのがウチなんだよなぁ～。今自分で刺したわ、刺さった」
女性B「急に？　ビックリなんだけど」
女性A「でもさぁ、〝刺さってるのかわいそう〟って思われないの何でなの？？あ、話が面白いからか！　夢中で気づかないのか！」

女性B「やめない？　この話ツラくなってきた」
女性A「ウチの口が罪過ぎる件」

▽▽▽私が収集してきた話し手の中では、十分に話術もあり面白い部類であろう。しかし、自問自答した先で「話が面白いからか！」と結論付けてしまうには、さすがに自己評価と実力に差があり過ぎる。そこに疑問を感じない彼女は、ある種の才能の持ち主か、さもなくば謙虚のタガが外れてしまっているに違いない。面白くないレベル★☆☆☆☆

すぐこれだ

2024年3月某日、午後7時過ぎ。都内某所の居酒屋にて。30代後半とおぼしき男性3人組である。乾杯直後、和やかな空気が流れかけた刹那、3人のうちの1人が我先に、とばかり話題を奪取する。

男性A「ここはあえてイヤな話しよう！」
全員「？？？」
男性B「……また～。そうやって聞いて欲しいだけでしょ？」
男性C「え？　お見通し？」
男性B「料理来る前に話しちゃいな、もう」
男性C「お通し来ちゃったけど、お見通しよ」
男性A「はぁ～おみそれしましたぁ……！」
男性B「んで？　どうしたの？」
男性A「ずっと推してた『ウェザーニュース』の女の子が卒業しちゃうんだよ……！」

男性B「アナウンサー？　有名な子いたよね？　切り抜きで流れてきたことある」
男性C「てか、そこまで入れ込んでたの？」
男性B「天気の推しの子か！」
男性A「流行りが混ざってるよ！」
男性C「ステルスやめてよー。すぐこれだ〜」
男性B「ごめんね？　警報出しとくから」

▽▽▽この場を支配している美学があるとすれば、「冗談で話を繋げる」こと、ただひとつだ。出来不出来は関係ない。繋げるたびに「オレの冗談どうですか？」のポーズが毎回入っている。聞き手は耳を傾けてはいるが、話を聞くというより、あくまで自分が冗談を言うための材料として受け止めているだけ。飲食店で発生する面白くない話の定型「店員さん、すみません。コイツ、こーゆーヤツなんですよ」が、あろうことか身内に向けて発射されている。乾杯直後の〝まだでき上がっていない〟状態でこのグルーヴはポテンシャルを感じる。面白くないレベル★★★★☆

お

2023年5月某日、午後9時過ぎ。都内某繁華街のはずれにある居酒屋にて。40代半ばの男性5人組である。会社帰りに同僚と「ちょっと一杯」というところだろうか。飲み始めて2時間、ほどよく酔いも回った彼らの話題は、ちょっとした勘違いから教育番組でお馴染みのコーナーになってしまった。

男性A「ウチも、もうずっと『Switch』握っててさ」
男性B「マイクラ？　ずっと友達とやってるな、見せてもらったけど何が何だかわからんわ、アレは」
男性C「おとうさんスイッチ？」
男性D「何だっけ、それ？　懐かしいね」
男性C「〝あ〟は？」
男性A「温ったためるこの場！」
男性C「〝い〟」
男性B「いいパス返す」

男性C「〝う〟」
男性B「歌って踊れる？」
男性C「〝え〟」
男性A「エンターテイナー！」
男性D「おぉおぉお!?」
男性C「最後！　〝お〟　！」
男性D「……お？……お…おぉおぉお!?」
男性E「締まったねぇ〜！」

▽▽▽一般人が自ら「エンターテイナー」という言葉を発した場合、それはもう概ねサムい。場を沸かせる存在になることは、決して簡単ではない。今回はさらにあろうことかエンターテイナーを名乗った直後、実質無回答なのに「締まったね」と、パワープレイで終了に持ち込んでしまう。解答欄を白紙で提出した答案が、◎をもらえたことはあるだろうか？　いや、ない。０点。面白くないレベル★★★★★

キャストドリ頼まないヤツ

2019年10月某日、午後1時頃。都内某所にあるハンバーガーチェーンにて。20代半ばの男性3人組である。全員カウンターで注文を終えたところで、1人がおもむろに〝小芝居〟を始め出す。

男性A「ガールズバーで〝キャスト・ドリンク〟頼まんヤツに言われたくないな、父さん」
男性B「誰だよ父さんて」
男性C「いや、キャストドリ頼まないやつ誰だよ（笑）」
男性A「実際お父さんは泣いてるぞ？」
男性B「あれは、よくシステムがわかんなかったつってんだろ。何回擦るんだよ、この話（苦笑）」
男性C「味がしなくなるまでだよ？」
男性B「あと親父はガルバもキャバも行かないタイプだから、真面目なのよ。イジんなイジんな」

男性C　「でも、こんなに楽しませてもらったらさ、育ててくれた親御さんにも感謝を、な？」
男性A　「お父さんに挨拶行かなきゃだわ」
男性B　「行かせねーよ？（〝我が家〟杉山みたいに食い気味に）」
男性A　「ドリンク頼まねーよ？（〝我が家〟杉山みたいに食い気味に）」

▽▽▽「行かせねーよ？」はお笑いトリオ・我が家のツッコミ・杉山が坪倉のボケ（主に下ネタ）に対してツッコむ「言わせねーよ？」のオマージュである。コレを持ってくることで、〝僕ら、会話上で笑いをやってます〟ポーズがとれるだけでなく、それまでの〝THE素人〟な「お父さん」を擦り倒したヨレヨレの会話が、ここに到達するまでの前振り的扱いとなり、少しまともに思えてくるから不思議である。ただ、「ドリンク頼まねーよ？」は、1発目の「行かせねーよ？」を潰しても構わないと言わんばかりに〝間〟を殺しにかかっており、「この大喜利的切り替えしどうですか？」感が半端じゃない。面白くないレベル★★★★☆

昨日は伝説

2024年1月某日、午後8時過ぎ。都内某所にあるスクランブル交差点にて。信号待ちをしている20代前半の男性3人組である。3人のうち2人は、前日同じ飲み会に参加していたらしく、その盛り上がりを思い出しては、反芻しているようだ。

男性A「昨日のはアレ、伝説だったよ」
男性B「歴史に名を刻んだ」
男性C「生贄は召喚しなくて大丈夫だった？」
男性B「大丈夫、精鋭部隊でブチ上がった」
男性A「飲み会においてバランサーなんて必要ないんだから、マジで」
男性C「マジ参加し損ねたのが悔やまれる。もっかいやんないの？」
男性A「二番煎じほどダサいものないべ？」
男性B「なんかさー、適材適所って昨日のために存在する言葉だなって思ったよ、オレは」

男性A　「〝10円パン〟に難癖つけ出したのはヤバかった（笑）。キッチンカーのオッチャン、引いてたって（笑）」

男性B　「アレはよ？　円安円安ってナメられたらダメだと思ってさ！」

男性A　「程々に頼むってマジ。でもまぁ、難癖旅行やるんならオレは止めないけど♪」

▽▽▽これは、いわゆる〝迷惑系〟面白くない話し手である。相手にわざと絡みにいき困らせてリアクションを取らせることを、「面白い」と勘違いしているだけの手合いである。迷惑行為を武勇伝のように話すことで、仲間内にも周囲にも間違った「オレの面白さ」を誇示したい心理が透けて見える。先ほども書いた、面白くない話の定番、飲食店での注文時「ほら、店員さんが困ってるだろ？　すいませんコイツが（笑）」と絡むタイプの最終進化形ともいえよう。面白くない話はあくまでもエンターテイメントでなければならない。０点。面白くないレベル★★★☆☆

マリオカート

2024年4月某日、午後2時過ぎ。都内某所の大通りにて。20代前半とおぼしき男性3人組である。信号待ちをしてた3人の目の前に、都内繁華街の路上でしばしば見かける〝マリオカート〟風ゴーカートの一団が停まった。

男性A「ドンキーは乗らなくていいの?」
男性B「誰がドンキーだ(はたく)」
男性A「痛! おい、赤甲羅投げんなって!」
男性B「つか、重量級はお前だろ」
男性A「ディディーだったら怒らなかった?」
男性B「猿の時点でアウトです。本気のトゲゾー甲羅行くぞ、おい」
男性A「言っとくけど今日途中参加の時点で、お前だけ周回遅れだよ?」
男性C「待ち合わせに遅刻してよう言うわ。ほら、今トゲゾーもどっち行くか迷ってんぞ〜。次のひと言で決めるって」
男性A「松本ちゃんって金髪だけどディクシー?」

男性Ｂ「よし、歯ぁ食いしばれ」

▽▽▽絶好の〝大喜利〟素材、マリオカートに、腹を空かせたハイエナのように食らい付く３人。コテコテのやりとりを見せるが、これほどボケもツッコミもその場の全員が喜んでいるパターンというのは意外に珍しい。共通のノリと空気が醸成されたせいか、実際、会話の中で特に空振りしてはないのだが、ひとつだけ看過できないのは、「どっち行くか迷ってんぞ～」であろう。イジられている自分自身ではなく、「あくまでもトゲゾー甲羅の意志だよ」という演出はさすがにキツい。メタ的客観視点のボケは、相当あっさりめでなければサムさを抑えられない。面白くないレベル★★☆☆☆

限界ドア焼肉

2019年9月某日、午前0時過ぎ。埼玉県某所にある焼肉屋の駐車場にて。20代前半の男性2人組である。駐車スペースに真っすぐ入れられなかったようで、助手席側のスペースが隣の車とギリギリしかなく、普通にドアを開けるとぶつけてしまいそうだ。それでもなんとか降車しようと格闘している友達を、車外から心配そうに運転手が見守っている。

男性A「(ドア)当てたら命ないと思えよ。てか、ホントにいける?⁉」
男性B「先に謝っとくわ」
男性A「どうしてお前は、いつも危ない橋を渡るの?」
男性B「だから先に謝るって。あ……ヤバい、プリウスドアロケットしちゃうかも……」
男性A「よし！　入れ直そう！　高橋君、1回ドア閉めようか」
男性B「種子島見えた！　イケる！　ロケット回避！」
男性A「いやいや、その隙間キープ無理無理！　自分のウエスト、ナメ過ぎ！」

男性B　「これは友達としてのお願いなんだけど、オレに一度チャンスくれない？」
男性A　「うん、高橋君、お腹空いて頭おかしくなってるね。1回ドア閉めれるかな？」

▽▽▽アクシデントに対して、各々がどうにか笑いに転がそうとしている。助手席の男性が、困難な状況から、さらに無茶をしにかかるというボケで、バラエティ番組の芸人かのように笑いへ向かう。それに対して運転手は、相手を諭すテイのあえて芝居がかった言葉遣い＆俯瞰的立ち位置からツッコむことで、参った状況を〝エア観客〟に向けて「見てくれよ、ヒドいだろ？　この状況！」と言わんばかりに振る舞う。身内だけで終わるのはもったいない、と感じているからこその一連の会話である。面白くないレベル★★★★☆

もう才能

2016年8月某日、午後5時過ぎ。都内を走る私鉄の某駅構内にて。20代前半の男性3人組である。ホーム階へと上がるエレベーターを待っているのだが、タイミングが悪かったようで、ほんのちょっと待ち時間が発生してしまった。

男性A「全然降りてこなくね？　コレ動いてる？」
男性B「相撲取ろう、相撲！」
男性C「コイツの体重3桁は才能だからな？　全員が行ける場所じゃねぇんだよ？」
男性A「(早口で）場所と掛けてる？」
男性B「お前しか気付かねぇよ、んな細かいとこ」
男性C「今のオレのことを見出したお前の才能だよ」
男性A「掛けたこと気付いた側の才能じゃねぇのな、そこ（笑）」
男性C「いやもうオレなんかそーゆーのじゃないから、お前に比べれば。いやいやホント、オレなんんて」

男性B「あれ？　コイツ、バカにしてるくね？」
男性C「バカにしてるバカにしてる」
男性A「いや今のもよ、畳み掛け？　スタンディングオベーションするか迷った」
男性B「してない時点でもう答え出てんのよ。見えてるからね？　魂胆」
男性C（溜めて）……見つけたお前の才能だよ？？」
男性A「いやそれウザいのよ（笑）」
男性B「お前は階段歩け」
男性C「歩くのも才能だよ？（実際に階段使う）」

▽▽▽これは聞いていて真っ直ぐに腹の立つ、珍しいタイプの面白くない話である。周りに見せびらかすためではなく、自らの落ち着かなさの解消が目的だ。マウントとセットになる傾向が強い面白くない話だが、へりくだりとセットになるとノーバウンドで飛んできて、あしらうのが非常に難しい。面白くないという指摘が意味を成さない厄介さがある。面白くないレベル★★★☆☆

子どもへのツッコミ

2018年11月某日、午後1時過ぎ。埼玉県内某所にあるカレー屋にて。ヤンキー上がりと思われる30代男性、その恋人の20代後半の女性、5~6歳の男の子の3人組である。女性はシングルマザーのようで男の子はどうやら女性の〝連れ子〟らしい。料理が来るまでスマホに夢中な女性をよそに、男の子は男性に構ってもらおうと話し掛けるが、どうも違和感が漏れ出ている。

子 「ねぇねぇ！ ゲームしよっゲーム！ にらめっこゲーム！」
男性「にらめっこの後にゲームは要らないよ（笑）。〝にらめっこ〟でいいんだよ」
子 「じゃあさ！ じゃあさ！ 罰ゲームありね！」
男性「おっ！ いいよいいよ、何やんの？ 負けたら」
子 「そっちが負けたら～……デコピン100回！」
男性「いやっ多いな！ 途中で絶対飽きちゃうし数えてられないでしょ（笑）」
子 「えぇ～!? じゃあ50回で許してあげるね！ 特別だよ！」
男性「〝五十歩百歩〟って言葉知ってる？ 知らないか。まぁいいや、いいよ、じゃ

子　あ50回ね。そっちが負けたら何するの？」
男性「う〜んとね……高速まばたき20回！」
子「いやちょっと待って！（笑）　オレのデコピンと落差あり過ぎじゃない？
自分に甘過ぎでしょ（笑笑）。キミ、ゆとり世代より大分下でしょ？（笑）」
男性「だってボク、痛いのヤダもんっ（笑）」
子「いや誰だって嫌だから、痛いの（笑）。年齢関係ないから！（笑）　せめて
高速まばたき50回は行こ、そこは。じゃないと釣り合わないでしょ、オレの
と」
男性「じゃあ〜……う〜んと、う〜んとねぇ……まばたき30回！」
子「10回増えただけかい！　不公平感あるんだよなぁ〜まだ」
男性「もういいじゃん！　早くやろうよっやろうよっ」
子「なんか言いくるめられてる感あるけど、まぁいいや、やろやろ」
男性「にぃらめっこしましょ〜笑うと負けよあっぷっぷ〜！（もう笑ってしまう）」
子「はい負け〜」
男性「まだだよっ！　だってボクまだ変顔してなかったもん！」

男性「いやでも、〝あっぷっぷ！〟の後に笑ったら問答無用でアウトでしょ（笑）」
子「えぇ〜じゃあ今の練習！　練習ね！　練習はそっちの勝ちね。次が本番！」
男性「いやっ、後付けが凄いな（笑）。次からルールにしてね！」
子「にぃらめっこしましょ〜あっぷっぷ〜！（また先に笑ってしまう）」
男性「はい、お疲れ様でした〜」
子「待って！　まだニコニコしてるだけ！」
男性「〝オレがルールだ〟みたいなのナシでしょ！（笑）　ジャイアニズムが凄いな、キミは」
子「そっちはニコニコしても負けね！」
男性「もう〝剛田武〟って呼んで良いですか？（笑）」
（3回戦は男性の変顔がパワーアップし、男の子大笑い）
男性「はい、さすがにオレの勝ちね。てか鬼畜過ぎるでしょ（笑）、オレに対して。ご飯来るまで、もうゆっくりしてよう、オレ疲れたわ。初めてやったわ、こんなにらめっこ」

子　「もう疲れたの？（笑）　まだ1回戦が終わっただけだよ！　次あるよ！
　100回戦まであるよ！」

男性「いやいやっ、ストイック過ぎるから！（笑）　もう勘弁して下さい！（笑）
　もう許してください！（笑）　デコピン甘んじて受けるので！（歯を食いし
　ばり仰々しくデコ突き出し）」

▽▽▽会話とは常に戦い。年齢など関係ない。相手が子どもだろうと容赦なく揚げ足を取り、時に子どもではわからない言い回しも駆使してまで社会常識の土俵で圧倒しようとする。それがこの男性の信念だ。男性の「無茶苦茶なんですけど！　このルール！」の言い方&声量は、明らかに周囲に向けて投げかけるレベルで、「このにらめっこはショーケースとして楽しめるもの」という認識でいることも明白。この男の子が、彼と同じ道を歩むのか、気になるところではある。面白くないレベル★★★★★

居酒屋海賊団

２０２４年２月某日、午後８時過ぎ。都内某所の駅近くにある居酒屋にて。20代前半の男性５人組である。メンバーの１人がトイレから戻って来たところから、全員のボルテージが一気に上がる。食い付きのいいトピックを持ち帰ってきたらしい。

男性Ａ「トイレのポスター見た？」
男性Ｂ「世界一周の旅？」
男性Ｃ「社会人になる前だったらねぇ〜」
男性Ａ「このメンツで海出たらもう海賊でしょ（笑）」
男性Ｄ「お前だけだろ、海賊」
男性Ｂ「こっちは山賊だしな」
男性Ｅ「おにぎりな」
男性Ｃ「略奪愛でいえばタカシでしょ！」
男性Ｂ「オレは略奪された側な、あんま言わせんな？」

男性E「イカれたメンツ、揃ってんな（笑）」
男性D「そもそもオレら1隻の船に乗り切れるのか問題あるだろ」
男性A「キャラの濃さ制限か」
男性B「関所通れそ？」
男性D「でも世界中の子ども達を笑顔にさせるには、これくらい揃えないとじゃない？　どうなの実際？」
男性C「よし！　オレもポスター見てくる！」
男性A「トイレ行ってら〜」

▽▽▽面白くない話し手に過信は付き物だが、これほど自分達を過信しているということは、たまにしか集まれないメンバーなのか。珍しい点があるとすると、トークスキルで物を言わせたいのが基本スタンスの男性が、「キャラの濃さ」という言い回しを口にしたところか。つまり、この一団には面白くない話し手のマジョリティーもマイノリティーも揃っているということ。面白くないレベル★★★☆☆

3 辛

2023年8月某日、午後2時過ぎ。埼玉県内某所の繁華街にある居酒屋にて。20代前半の男性4人組である。メンバーの1人が、かなり強気に〝品数多め〟のオーダーをしてしまったようで、ほかの3人からは心配の声が上がる。

男性A「悪いけどキミ達と胃の鍛え方が違うから」
男性B「コイツどした？　どした？（顔を見合わせる）」
男性A「昨日、ベトナム料理行ったから」
男性C「いや食ったの普通にナンでしょ、Aランチ」
男性A「でもウソは言ってないから」
男性C「ほんじゃ何辛いった？」
男性D「コイツ、辛いの得意じゃなくね？（笑）」
男性A「1辛を……コレ見ながら食べたね（LINEのトーク画面を見せる）」
男性B「え？」
男性D「どゆこと……？？」

男性B「あれ？　よく見てみ、既読ついてるついてる」

男性A「1辛《カラ》と3辛《ツラ》なんで！」

男性D「何なん、新たな単位入れてくんなや（笑）」

男性C「やべー……オレ、コイツの意地をナメてたわ（笑）」

男性A「じゃあさ、オレ生きてるのが辛いから5辛《ツラ》でもいい？」

男性C「致死量やんけ」

男性D「なんかメンタルカレーになってね？」

男性A「この場合、センチメンタルカレーだろ」

男性B「もう今日は食お食お！」

▽▽▽カラ／ツラの自虐がなければ、内容も展開も退屈な話で終わったが、これを入れたことによって自身のイキる様子やほかのメンバーの便乗の面白くなさが浮き彫りにされている。たくさん頼んだのは〝実はヤケ食いでした〟という背景を織り込んだ点もテクニカル。芸術性を感じる。面白くないレベル★★★☆☆

おかえり

2021年11月某日、午後2時過ぎ。埼玉県内JR某駅前にある『ドトール』にて、20歳前後の学生と思われる男性4人組である。みんなで勉強するために店に入ったようだが、開始早々に勉強への意欲と集中力は切れてしまう。

男性A「マーズは火星だろ」
男性B「ゲームで得た知識ドヤるなよ」
男性C「隣の星は青いんだ」
男性D「地球以外の星の視点だろ」
男性B「地球儀、買ってもらえなかったから地球グミで代用してんだもんな？」
男性D「視力良過ぎだろ」
男性C「隣のグミも青かった？」
男性A「てか、地球グミの海の部分ってソーダ？」
男性D「ソーダ寄りの青リンゴ」
男性C「柑橘系ね」

男性B「地球儀買ってもらえた井上より、地球グミで耐え忍んだ小林のほうが優秀っていいのかよ、コレ」
男性A「我慢を知ったヤツは強い」
男性B「だからゲームのセリフ、ドヤッてパクんな」
男性D「でも実家の地球儀って放置じゃね？」
男性C「帰るとおかえり言ってくれるよ」
男性D「世界が？」
男性C「日本だけ言ってくれる」

▽▽▽内心はお笑いセンス筆頭ポジションにいたいのだが、勉強のためにわざわざドトールに集まったためか「前のめりに笑いを取りに行くことはダサい」という空気がある。ゆえに全員が捻った笑いで、その座を虎視眈々と狙う構図になった。揚げ足取りを挟んで、とにかく自然な形でスマッシュを決めようと躍起になる。言動に対しての不自然な平静さが、ひたすら薄らサムい。面白くないレベル★★★☆☆

生贄

2023年12月某日、午後7時過ぎ。都内某駅前にある居酒屋にて。20代前半と思われる男性6人組である。比較的人数多めな飲み会のためか、店側の都合でテーブル席と個室席の二手に分かれることになった。

男性A「生贄の個室1人目な（笑）」
男性B「な…もう始まってんの？　ちょ、聞いてないし！（笑）」
男性C「幹事はこっちにいるから。この会の支配人だぞ？　支配人」
男性B「オレを同じテーブルにつかせないのはホント勿体ないことしてるよ？　聞いてる？　そっち」
男性D「あっちのテーブルって発言権あるんですか？」
男性B「おぅおぅ言うようになったな！　次の飲みが楽しみだな？」
男性A「今を楽しめよ（笑）」
（一部大爆笑）
男性E「今楽しい？」

男性B　「へぇ～ここが牢獄かぁ～（とキョロキョロ）」
男性F　「アイツ、何して捕らえられたの？」
男性E　「パーマ失敗」

▽▽▽席の振り分けで弄る、弄られるがハッキリ分かれているので、よりわざとらしさが際立つやりとりが展開されている。さらに小芝居が入ると、途端に笑いのハードルが下がる傾向にある。最後の「パーマ失敗」に関しては、面白さより相手を〝刺す〟ことを重視してしまい、明らかなワードのチョイスミス。逆にちょっと面白い。
面白くないレベル★★★☆☆

ガラス越しのピカチュウ

2023年9月某日、午後3時過ぎ。埼玉県内某所にある『ブックオフ』にて。20歳前後の男性3人組である。店内を回ってガラスケース内にディスプレーされた『ポケモンカード』を眺めている。

男性A「これお前のピカチュウじゃね？」
男性B「……？　うん？」
男性A「ほら、コレ」
男性B「えぇ？　お前、なに勝手に売ってんの？？」
男性A「色んな人に見せたいと思ったんよ」
男性C「なるほどな！」
男性A「みんな喜んでるよ」
男性C「ピカチュウ泣いてね？」
男性B「この距離で触れられない歯痒さよ」
男性A「買い戻そ？　2枚目」

男性C　「この人、言っちゃったよ！（笑）」

▽▽▽あたかも〝男性の所有しているレアカードが知らない間に売られていた〟というやり取りだが、もちろん繰り広げられたのはウソ設定の小芝居である。ディスプレイの中にあるのは自分のカードという設定だったハズなのに、最後「2枚目＝〝ダブりで買う〟と言ってしまうことで、カードが所有しているものとは別物だとバラすボケをかます、すかさず得意気な「自分でバラしちゃったよ」とツッコミが入るというくだり、誰かに向けての説明口調ともとれる「この人」呼びのサムさは一級品である。面白くないレベル★★★★☆

勝ち取った信頼

2017年6月某日、午後3時過ぎ。都内を走る私鉄の電車内にて。20代前半と見える男性3人組である。ほどほどに混んだ車内で立っている3人だったが、そのうちの1人の後頭部が、ほかの2人にはどうにも気になるようだ。

男性A「〝フッ軽〟ヘアー?」
男性B「イジんな、おい!」
男性A「いや勘ぐり過ぎだって。誰も言ってないじゃんな、〝何が〟とは」
男性B「ヘアー言うてるやん」
男性C「秘伝のタレ使えよ、この前見たヤツ」
男性B「タレの時点でダウトだろ。商売商売」
男性C「フッ軽なのにそこの腰は重いんだよな、コイツ」
男性A「いやでも良いとこあるよ。電車だったら最高だろ」
男性B「は?」
男性A「座れるんだもん」

男性B「シバくぞ」
男性A「空いてるって意味通じた？」
男性B「わかるわ」
男性A「さすがだわ。信頼してるよ、お前のこと」
男性C「優先席か、そこ？」
男性B「空いてる〜、じゃないいんだよ！」
男性C「通じる〜。お前、信頼を勝ち取ったよ」
男性B「信頼を得て何をもらえるんだよ？」
男性A「言わすなよ」
男性C「そこ通じろよ、信頼してんだから」

▽▽▽意外にも〝髪が薄い〟という定番ネタは、捻りがないという点で面白くない話し手達からは敬遠されがちである。だが、この場では珍しくそれが採用されている。定番ネタ＋〝みなまで言うな〟の流れは、笑いのオーソドックスな手法だが、長々

続ける意味はあまりにも薄い。その理由を探せば、やはり周りに「僕らのこの面白いやり取りを聞かせたい」という思惑が浮かび上がる。当人達よりも、居合わせた周りの人間のほうが早くボケに気づいてしまった時ほど、「もう聞いちゃおれん」気持ちにさせられることはない。面白くないレベル★★★★☆

暴れると止められない

２０２３年11月某日、午後１時過ぎ。埼玉県某所の繁華街にある『マクドナルド』にて。20歳前後の男性４人組である。この世の春を謳歌している怖いもの知らずの大学生達が、昼下がりだというのに深夜のボルテージで大声を張り上げている。

男性Ａ「オレ、別に腕っ節が強いってワケではないけど、暴れると止められないよ？」
男性Ｂ「どういうことだよ？」
男性Ａ「スポッチャのロデオとかと同じだから。打撃とは別のところで戦うから」
男性Ｃ「でもお前、なんかこうヒートアップするタイプじゃないじゃん」
男性Ａ「いやいや、常に世間に怒りを抱いてるから」
男性Ｂ「人に怒れる立場かよ？」
男性Ｃ「何したよ？」
男性Ｂ「グループ経由でサヤちゃんのＬＩＮＥゲットし……」

男性A「その話は良くないんじゃないか？　今する話じゃないだろ。今するべき話はもっとほかにあるよ、このメンツでできる話しよう」
男性D「お兄さん、ちょっとお話よろしいですか？」
男性A「ほら来ちゃったよ〜警察」
男性D「（時刻を読み上げる）容疑者確保！」
男性C「罪状なんすか？」
男性D「〝高嶺の花〟摘み取りの疑い」
男性B「連絡先不正入手（容疑者男性に上着を被せる）」
男性C「グループに上げようコレ」
男性A「店に迷惑かける前に出よう出よう」

▽▽▽普段は大人しいであろうメンバーの1人が調子に乗ろうとしたところを、目ざとく制止したところまでは良かったものの、今度は止めた側が浅い小芝居に繋げてしまい、まさに〝ミイラ取りがミイラ〟になった。だが、制止された男性も「ほ

ら来ちゃったよ～警察」とまんざらではない様子で、小芝居に喜んで取り込まれていったことから、本人としてもイキった先のゴールが定まっていなかったのかもしれない。そんなやり取りがひと段落する前の「グループに上げようコレ」は、放った本人としては相当な手応えだったのだろう。我慢できなさが漏れている。なんとなく『痛快ＴＶ　スカッとジャパン』とか見てそう。面白くないレベル★★★★☆

ちゃんみな論争

2024年4月某日、午後4時過ぎ。都内私鉄某駅内のコンコースにて。20代前半と思われる男性4人組である。彼らと同世代で人気急上昇中の女性ラッパー〝ちゃんみな〟を熱く語っている。

男性A「ちゃんみなからしたらオレら小石だぞ」
男性B「視界には入ってるよ、一応」
男性A「存在が罪まである」
男性C「オレ、推し」
男性B「え？　ちゃんみなを〝推し〟って表現するヤツいる？？」
男性D「本人怒りそうじゃない？」
男性B「え？　ドM？」
男性C「いやSとかMとかじゃなく、エナジー感じるだろ、ちゃんみな」
男性A「モンスターってこと？」
男性C「それはヒドくない？」

男性B「いや、それ以前にモンスターとコラボしてたでしょ」
男性A「やっぱモンスターじゃん」
男性C「いやだからエナジーなんだよ！」
男性A「モンスターじゃん」
男性B「あ、今これって缶の上半分がちゃんみななのか？　下半分がちゃんみななのか？　で揉めてる？」

▽▽▽〝何か言いたい人〟を冷静に捌くフリをして、美味しいところを持っていこうとする——まるで戦国大名のようなやり取りだ。彼らにとって雑談は手柄の取り合い、戦場なのだ。いかに一定の距離を保ちながら俯瞰した立ち位置で、相手が弾を撃ち尽くすまで待てるかが勝負である。あと、ちゃんみなを知らない人は、ぜひ彼女の曲を聴いてみて欲しい。面白くないレベル★★★☆☆

頼むわ、ホント

2024年3月某日、午後8時過ぎ。都内某所にある居酒屋にて。20代前半と思われる男性4人組である。めいめいの手元に置かれている割りばし。その箸袋に書かれているガイド通りに折っていくと〝箸置き〟ができるようだ。

男性A「あれ？　オレ、それできねぇんだけど（笑）」
男性B「〝のりしろ〟しかないわ」
男性C「お前はそのままでいいよ。見本通り作れるのは敷かれたレールの上走ってるヤツだよ」
男性B「空間認識能力足りてないだけだろ」
男性D「女との距離感も間違えてる」
男性A「はぁ？　それ言ったらお前もだろ」
男性D「え？　やんの？　全然いいけど」
男性C「やめろやめろ、ほかのお客さん達に喧嘩してるみたいに見られるだろ」
男性B「空間認識頼むわ、その辺ちょっとマジで」

男性D「いや、悪かったわ」

▽▽▽なかなかにザラザラした面白くない話である。乱雑に冗談を放ち、名言口調で持論を語り、オラついた先、〝周りから怖い人だと誤解されるから拳を下ろす〟という、とてもインスタントな落とし所に着地させている。今回はたまたま丸く収まっているが、「女との距離感も間違えてる」から察するに、普段からマウンティングじみた笑いの取り合いが繰り広げられてるだろう。そこでまったく切磋琢磨されないのが素晴らしい。面白くないレベル★★★☆☆

煽りサーモン

2019年6月某日、午後7時過ぎ。都内某所にある『スシロー』店内にて。20代前半、大学生とおぼしき男性4人組である。せっかく友人達と回転寿司に来たというのに、全員、食事もそこそこに、雑談をしたくてしたくてホクホクしっぱなしである。

男性A「スシロー来てまでガチャ求めんなよな、ここは寿司を純粋に楽しむ場所なんだよ！」
男性B「まぁピースにいこうぜ、ピースに」
男性C「ラーメン頼んでるお前もどうなんだよ？」
男性D「際立たせるためのアレやん、普通に」
男性C「〝煽り〟サーモンいっちゃう？」
男性B「煽ってんのお前らな」
男性A「ここから食事に戻れんの？？」
男性D「冷静でいられるかわかんないけど。食うよ、オレは」

男性B「カルシウム足りてる？」
男性A「ビタミンB2足りてる？」
男性C「人足りてる？」
男性D「店に言ってやれ。明らかに回ってないだろ、コレ」
男性C「アルバイト募集のポスターもらってウチのロッカー貼っとくか」
男性A「カレンダーじゃねぇんだよ（笑）」
男性B「なんで毎日〝へぇ〜バイト募集してるんだ、人足りてないのかなぁ〜〟ってなんなきゃなんだよ」
男性D「常連としての気づきだろ。それは」
男性C「お知らせしなきゃだろ、みんなに。これからもっと使わせてもらうんだから」
男性A「オレらにとって、この店なんなの？？」
男性C「宝石箱に近い何かだろ」

▽▽▽ボケもツッコミも強め、さらに4人とも隙あらば大喜利を始めるので、雑談↓寿司↓店と会話の焦点が定まっていかない。「店に言ってやれ。明らかに回ってないだろ、コレ」の〝喋りでこの場を回してます〟ニュアンス然り、終始関係者ヅラとも言うべき立ち位置&振る舞いは、一体どこを目指しているのか。ところが、いざ「この店なんなの?-?」と振られると、定番食レポに寄った中途半端かつ歯切れの悪いボケしかひり出せず、切なさすら漂ってしまった。面白くないレベル★★★★☆

部室×スマブラ＝最強

2022年8月某日、午後8時過ぎ。都内某所の繁華街にある居酒屋にて。20代前半の男性4人組である。面白くない話し手には珍しく、きちんと指摘し合いのできる集団のようだ。

男性A「お前、トイレの鏡で髪の毛イジり過ぎな？　その割に眉毛太いんだよ」
男性B「何？　この話、激落ちくん？」
全員「…………」
男性C「え？　コレ、許しちゃっていいの？」
男性A「オレ、どうかと思うわ」
男性B「部室でスマブラやってる時のノリ、ココでも出そうぜ」
男性C「まぁぶっちゃけ、アレができればどこでも無双なんだけどなー」
男性A「それができたら苦労しねぇって」
男性B「あのコントローラー握った感触で覚醒すんだよな」
男性D「お前の眉毛、ファイナルカッターするよ？」

全員　「…………」
男性C「いや何か違うな、何か違うな」
男性A「スマブラ出せばいいワケじゃないな、コレ」
男性D「現にお前ら2人のスマブラ実況だって、全然伸びてなくね？」
男性A「やっぱ4人だから面白いんだろ」
男性D「じゃあ、今度ゲストでオレら出させてよ」
男性B「オレら出してみ？　トぶぞ」

▽▽▽流れで笑ったり、無理にスベらせたりせず、きちんと立ち止まって模索している。多少の分別と冷静さを持ち合わせているこのタイプは周りへの迷惑は少ない分、自己完結にも陥りやすく、逆に面白くなさに磨きをかけていってしまう危険性が高い。素人の動画に出ることを、「ゲストで呼んで」という言い方をすることからもそれが読み取れる。そして残念ながら、彼らの実況動画は絶対面白くないし、トばない。面白くないレベル★★☆☆☆

待ってたのに

2022年11月某日、午後3時過ぎ。埼玉県内某所にある温泉施設、その休憩スペースにて。20代前半の男性3人組である。イベント事を使って各々が何気ない顔で仕掛けようとしているようだ。

男性A「そういや、お前らに謝らないいきゃいけないことあったわ」
男性B「なんだよ、めでたくない感じ」
男性A「……また日本代表に選ばれませんでした。ホント申し訳ない。ホント、この通り……！」
男性C「いやホントよ。オレ、ピッチで待ってたのに」
男性B「まぁ人生のゴールって、W杯じゃないからな？　そこだけは勘違いするなよ？」
男性C「ここから4年間の動き次第だな〜、期待だけしとく！」
男性A「待っててくれるヤツらがいるなら引けないわ、オレやっぱ！」

▽▽▽2022年冬に開催されたサッカーW杯の日本代表メンバーが、ちょうど発表された直後のタイミングであった。X上でよく見たテンプレートのノリが現実でも行われていた。テキストであれば一方的に謝罪して終わり——言いっぱなしで済むから成立するのだが、会話では必然返答があるわけで毒される範囲も広がってしまった。ただ、「日本代表に選ばれなかった」と言われても驚かない対応は、若干〝潰し〟行為にも思え、独り占めを阻止できたが故に、謎の円満エンドとなった。面白くないレベル★★★★☆

スティック

2022年9月某日、午後3時過ぎ。埼玉県内の商店街にて。20代前半の男性4人組である。『おかしのまちおか』で買い物をしたせいか、テンションが高い。

男性A　『モンスターエナジー』と『ポケモン』ってワンチャン、コラボあると思うんだよね」

男性B　「モンスター繋がりってこと？」

男性C　「ロゴがガブ(注：ガブリアスというポケモンの名前)のドラゴンクロー(注：技の名前)的なね」

男性D　「(CM風に)ポケットモンスター　レッドブル、グリーンハーブ！」

男性B　「サトシの『レッドブル』とか買うけどな」

男性A　「コラボしねぇのかなー」

男性C　「前、eスポーツが監修したヤツあったくね？」

男性A　「あー、ね」

男性D　「モンスターとかよりも、すっぽん飲んでポケモンやったら勝てんじゃね？

ゼニガメ」
男性C「スティック硬くなって操作性悪くなるから（笑）」
男性A「はっはっはっ（笑）。ヤべぇ（笑）」
男性B「そっちのポケモン（笑笑）」
男性D「ゲームボーイだからしゃあない、それは」
男性C「男の子はポケモンだから」
男性B「実はオレ、パールなんだよね……」
男性A「ヤバ（笑笑）」
男性B「内緒な内緒な（笑）」

▽▽▽正攻法で面白いフレーズや発想を練り続けるも、一向にハマらず最終的に下ネタに逃げたパターンだ。しかし、下ネタ自体が彼らのテリトリーなワケでもなく、身の丈に合わない描写にまでエスカレートさせてしまい、笑い云々のラインからは大きく逸脱している。会話がイモっぽい。面白くないレベル★★★☆☆

刹那のお祭り男

2018年5月某日、午後3時過ぎ。都内のJR某駅前の交差点にて。20歳前後と見える男性3人組である。信号待ち中、周囲の人が若干距離を置きたくなるレベルで、全語尾に「〜っ！」を付けながら大騒ぎをしている。

男性A「コイツら、昨日から今日の朝までマジでずーーっと〝FPS〟しかやってねぇからっ！　マジ頭おかしいよっ！（笑）」
男性B「いやいやいや普通だって（笑笑）」
男性C「お前ら！　そ、それ〝ヤマザキ春のFPS祭り〟じゃんっ！」
男性B「いやヤマザキ関係ないからっ！　関係ないからっ！　どこからヤマザキ出てきたよっ？」
男性A「そういや一度もパン祭り参加したことないわっ」
男性C「お前は体型的にごはん祭りだわっ」
男性B「しゃもじで戦えよっ（笑）」
男性C「いや、実際しゃもじ強いからね？」

（ここで歩行者信号が青になる）
男性C「ほら、前見ろって！　〝歩行者、青のパン祭り〟始まったからっ（笑）」
男性B「てか、何でさっきから〝祭り〟縛りなのっ？（笑）」
男性A「いやそれはコイツが高校の時、全裸盆踊り部だったからでしょ？（笑）」
全員「ダッハッハッハッハ（笑いながら雑踏に消える）」

▽▽▽「FPS」はシューティングゲームの一種。朝までオンラインゲームに興じていた、ということだ。「全裸盆踊り部」がアリなら、もう何でもアリ。面白かろうが面白くなかろうが、人として会話をする際には、最低限のモラルは守られなければならない。決して認めてはいけない面白くなさだ。面白くないレベル★★★★

★

珍しい苗字だな

2022年8月某日、午後5時過ぎ。埼玉県内某所にある『はま寿司』にて。20代前半とおぼしき男性5人組である。意図的な名前のいい間違えを繰り返すが、周りは反応に困っているようだ。

男性A「金曜の会にいたスザキさんって子、オレちょっと心持ってかれたかも」
男性B「あー確か後半、女の子とずっと喋ってたよな、お前」
男性A「今度サバゲーする約束したんだよね〜。何か向こうがハマりたてらしくて」
男性C「スザク（朱雀）さんって珍しい苗字だな」
男性A「スザキさんは絶対いい子。マァジで、コレだけは言える」
男性D「そんな子がサバゲーハマってんのはアツいな」
男性C「スザクさんやるな」
男性A「それなのよ、それなのよ。わかってるじゃん」
男性E「え？　てかスザキさんって下の名前、何？」

男性Ａ「あ〜と、エミちゃんだったかな」
男性Ｅ「え？　じゃあそれエミリーじゃね？　４年付き合ってる彼氏いるよ、あの子」
男性Ａ「オレ、今日もうムリだ……ほら箸が持てねぇ……」
男性Ｄ「辛い寿司だし手でいけ、手で。気持ちはわかる」
男性Ｃ「てかマジ、そいつスザクんなよな！」
男性Ａ「……ハァ!?」
男性Ｄ「まぁ落ち着け、落ち着け！」
男性Ａ「いや、コイツ……！」
男性Ｃ「まぁなんか……短い愛鳥週間だったな」
全員「？？？」
男性Ａ「てか、さっきからお前がスザクんなや！」

▽▽▽面白くない話で、ここまでしっかり怒られるのも珍しい。話自体は決して退

屈ではないのだが、「スザクさん」呼びをツッコんで欲しくて、無理に何度もねじ込み続けてしまう。場にネタを紐解けるだけの心理的時間的な猶予がなく、ただただ〝意味わからないことを言ってるヤツ〟と化して怒られた。面白くないレベル★★★☆☆

イヤな予感しかしない

2022年2月某日、午後6時頃。都内某所の飲み屋街にて。20代前半の大学生と思われる男性5人組である。サッと入れそうな居酒屋を探して歩きながらも、各人、早くも場を温めるスイッチ探し始めている。

男性A「夜のスポーツ推薦なんで、自分（笑）」
男性B「夜にやる競技って何だ？？」
男性C「テニスとか？　たまにライトアップされてることあるくね？」
男性D「歌舞伎町のバッティングセンターとかある」
男性E「ごめん、オレ、浪人とか受験で色々苦労してるから、そーゆー冗談なんか乗れないわ……」
男性A「いやっ、ここでマジトーンて……（苦笑）」
男性C「誰もその努力とか否定してないって。そんなピリつくなって悪かったよ、やめよやめよ」
男性B「よし、じゃあ夜から朝の話題に変えよ」

男性D「朝のテレビの占い、全部真に受ける人達について」
男性B「いやっ、ピンポイントな層だな（笑）。そもそも大学入ってから朝の占い見てるヤツいなくね？（笑）」
男性A「わりぃオレ占い苦手だから、そーゆー話題乗れないわ……」
男性B「いやいやお前までどした？（笑笑）」
男性C「気軽に話せなくなるからっ！（笑） 気軽に話せなくなるからっ！（笑）それやっちゃうと気軽に話せなくなるからっ（笑）」
男性A「気軽に話せる話ばっかじゃないんだよ、このコンプラ時代は」
男性D「アベマじゃないんだから」
男性C「じゃあオレが折れるよ」
男性B「いやいやオレが折れるって！」
男性A「だったらそこはオレが……」
全員「どうぞどうぞどうぞ！」
男性E「さっきから何なん（笑）、この流れ（笑）。アルコール入れる前からコレは（笑）、ちょっとこの時点で、もうイヤな予感しかしないんですけど（笑）」

▽▽▽この会話は例えるなら、バイクの〝空吹かし〟のような役割をしているのだろうか。このテンションで3度連続で同じことを繰り返せる人間はそうそういない。自分達の思う〝盛り上がってる状態〟へ人工的に持っていこうとする様が、違和感を醸し出している。「イヤな予感しかしない」が絶妙に『スター・ウォーズ』の名セリフに掛かってるのも癪に障る。面白くない話に、カルチャーを巻き込まないで頂きたい。面白くないレベル★★★★☆

戯言

2019年6月某日、午後9時頃。都内某所の駅前にある居酒屋にて。20代前半の男性4人組である。隣のテーブルにいる彼らの会話から察するに、メンバーの1人が意中の女性との恋の悩みを仲間に相談している。

男性A「お前、それは使われてるって。マジ引いたほうがいいって」
男性B「1年前に連絡先交換して、やっとここまで来たんだぞ？　オレの1年何だったの？　って話になるだろ、そんなん」
男性A「あれだけ〝異性にはつけ込まれないように〟って言ってただろ？　オレ達」
男性B「童貞の戯言だろ、あんなの」
男性C「いや、え？　ケンカ売ってる？（笑）」
男性B「あれから卒業したヤツ、1人ここにいんだから。それが何よりもの証明だ」
男性A「〝お人好しムーヴ〟かますな、とにかく。ここだけ抑えろ」
男性D「お人悪しってこと？」
男性B「え？　コイツ戯言、言ってる？？」

男性A「お前、今あの子からしたら〝蛸足コンセント〟みたいになってんだよ」
男性D「せんせーい！　コレは戯言に入りますか？」
男性C「とりあえず1回聞いてみよう。蛸足コンセントって何？」
男性A「都合のいい存在の例えだよ。比喩、比喩。わかんだろ」
男性D「んー、山田君、コイツの頭のブレーカー、落としてあげて」
男性C「はいよー」
男性A「お前、清水君だろ」

▽▽▽部分部分、〝面白くないワケではない〟所もあるが、後半にかけて会話が人工過ぎて醒めてしまう。「めっちゃ可愛い」と思っていた女性が、よくよく見たらゴリゴリの整形美人だった時のような。整い過ぎは面白くないのである。面白くないレベル★★☆☆☆

猿界

2022年10月某日、午後1時過ぎ。都内某駅前にある『ドトール』にて、20代前半の男性3人組である。久しぶりに会った友人同士、それぞれの近況報告が終わってしまうと早々に共通の話題が尽きてしまった。ここからは手探りである。

男性A「ちょっと前、死ぬほど猿の襲撃連発してた時あったろ?」
男性B「アレ、何で収まったの?」
男性A「お前?」
男性C「コレ、話していいのかな?」
男性B「……マジなヤツだ」
男性C「話し合ったんだよ、アレ」
男性A「詳しく頼む」
男性C「こんなの誰も幸せにならないじゃん、って」
男性B「それはそうだ」

男性Ａ「話通じる相手なの？」
男性Ｃ「話よりも誠意を伝えなきゃなんだよね、こーゆーのって」
男性Ａ「なるほど、それはそうか」
男性Ｂ「大丈夫？」
男性Ｃ「カカシを立ててさ」
男性Ａ「なるほど」
男性Ｃ「んで倒されるのよ、すぐ。んでまた立てるのよ、カカシを。それを何回も繰り返す。もう何回もね」
男性Ａ「それで？　それで？」
男性Ｃ「ある時からね、猿がカカシに話しかけるのよ」
男性Ｂ「そーゆー？」
男性Ｃ「でもカカシ返せないじゃん？　だから通訳として、オレがね？」
男性Ａ「猿界の戸田奈津子先生なワケか」
男性Ｃ「そこで何とか手を打ってもらったの」
男性Ａ「いや、今日聞けて良かったよ」

▽▽▽大喜利とはまた違う、しっかり尺のある創作話が展開されている。長いのだが、良い意味で見せびらかしという意図は無く、あくまで本人達が納得できるかどうかの問題だった。「猿界の戸田奈津子先生」が出ると3人は手応えを覚えたのか、急にこのくだりを閉じにかかる。さすがに引っ掛けにいこうとし過ぎであるし、そもそもコレでホントに納得できたのか、疑念が拭えない。面白くないレベル★★☆☆☆

キャンプ地

2018年4月某日、午後12時過ぎ。埼玉県内某所の公園にて。20代半ば〜30代前半と想定される男性3人と女性2人の5人組である。折しも園内は桜の木が満開を迎えており、そこかしこに花見客が陣取っている。彼らもこれから花見をすべく、場所取りのためにビニールシートを敷こうとしている。

男性A「この辺でいいかな？」
女性A「とりまシート広げよ広げよ〜」
男性B「オレはさ、ここにいる全員フラッシュモブ説を捨ててないよ……」
男性C「そんなことより風キビシイて。デカい石欲しい」
男性B「オレ、固定で座るよ？」
男性A「一生動けないよ？」
女性B「え？　今日ココでみんな泊まるの？」
男性A「それくらいの期待値で来てるよ？」
男性B「ここを〜キャンプ地とする……かも知れない！」

男性C「今のバイブスもつか？　コレ」
男性B「大丈夫、こっからアルコール入るから！」
男性A「花をきちんと見に来てるなら一日じゃ見足りないでしょ」
男性B「ただの宴じゃないんだよ」
男性C「ぶっちゃけ酒とトランプしかねぇだろ」
男性B「え？　じゃあお前、無人島にひとつだけ持ってくなら何？」
男性C「桜」
全員「おぉ～！」
男性B「漢だな。見直したわ。ここのポジション譲るよ」
男性C「あぁざっす！」

▽▽▽あまりにも罪深い。一番の大罪は、「ここを～キャンプ地とする……かも知れない！」である。超有名バラエティ番組『水曜どうでしょう』から生まれた番組ディレクター氏の名言「ここをキャンプ地とする！」――言ってみればお笑い界の

マスターピースを堂々とパクりながら、そこに最悪の蛇足アレンジを加えて台無しにしている。〝一事が万事〟で持参した遊び道具がトランプのみ、というのも彼らの面白レベルを測るには十分過ぎるアイテムであるが、そこからさらにラスト、文脈をぶった斬る急な無人島心理テスト出題からの「桜＝正解」とされる価値観は、「面白さとは何か？」を人類に問い直すレベルの面白くなさであろう。面白くないレベル★★★★★

気になる前髪

2022年7月某日、午後12時過ぎ。都内某所の飲食店にて。20代半ばの男性3人と女性1人の4人組である。同じ職場に勤める同僚が連れ立っての昼休憩であるのだが、彼らの部署に最近配属されたらしい新入社員が、早くも話のネタにされてしまう。

男性A「アイツ、会議の時ずっと前髪気にしてるからなぁー」
男性B「そのタイプではあるね（笑）」
女性「まぁでも彼、営業職じゃないし、髪型とやかく言ってもじゃない？」
男性A「いや髪型じゃなくて仕草？　意識？　について言ってんのよ」
女性「極論、ロン毛でもチラチラ触ってないのならそれでいい」
男性C「リモートの時もアレずっと触ってんのかな？」
男性A「そうじゃない？　彼にとって触らない理由ないでしょ」
男性B「スポーツの時は意識どうなってるんだよ？　汗ベタベタやろ」
男性C「学生時代は剣道やってたって言ってたよ」

男性A「ベタベタどころの騒ぎじゃないだろ」
男性B「お面の金網に手突っ込んで直してたのかな？（笑）」
女性「その時代に触りたくても触れなかった分が、今爆発してるとか？」
男性A「前髪だけ学生時代かよ」
男性C「追いつけ追いつけ時代に〜」

▽▽▽面白くないものを、イジって面白くすることは可能である。だが逆に、イジられる側がいくら面白くとも、肝心のイジる側が面白くないと、どうやっても面白くはならない。新人指導的意見から、次第にイジりに変わっていくのだが、そこにユーモアがついて来ていない。結果、ただの悪口、陰口に成り下がっている。最後の手抜き極まる「追いつけ追いつけ時代に〜」は、自分達の追いついてないユーモアへの〝ブーメラン〟になっている。ここまで読み解かないと冗談として成り立たないのは、さすがに社会の先達としてどうか。面白くないレベル★★★☆☆

流行りのしいたけ占い

2022年6月某日、午後5時過ぎ。埼玉県内某所にあるスーパー銭湯の休憩スペースにて。20代前半と思われる男性3人、女性2人の5人組である。大学生の仲良し5人組だろうか。湯上りのチルタイム、女性陣は雑誌の占い記事に夢中である。

女性A「あ、しいたけ占い出てるじゃん！　忘れてたっ！」
女性B「ウチもまだ見てない、見よ見よ！」
男性A「しいたけ占いって最近よく聞くヤツ？」
男性B「結構前からみんな言ってね？　見たことないけど」
男性C「オレ、〝きのこ派〟だけどなー」
男性B「きのこ派は陰キャだぞ。〝たけのこ派〟こそ陽キャだから」
男性A「派閥なのに何で占ってんだよ（笑）」
男性C「しいたけ派は？」
男性A「しいたけ派は基本女子だからわかんね」

男性Ｂ「下半期は1位たけのこ、2位しいたけ、3位きのこ、だから」
女性Ａ「え？　てか、タカシ何座？　2月だっけ？」
男性Ｂ「え〜とね、2月だから、ぶなしめじ座」

▽▽▽この男性達は、ついていけない話題に対して「知らない」と言えないプライドがあるのかもしれない。〝しいたけ〟の部分を取り出して、『きのこの山』『たけのこの里』に横スライドさせて無理矢理話を広げているが、この状況でボケようとするのは、ある種のいじけにも感じる。いざ女性から話題を振られると、相手を困らせるボケをカマすなど、場の主導権を握らんとする粗暴な輩である。面白くない
レベル★★☆☆☆

欲しい酒リスト

2021年11月某日、午後8時過ぎ。埼玉県内某所にあるスーパーにて。20代前半と思われる男性3人と女性2人の5人組である。〝宅飲み〟の買い出し中らしく、お酒コーナーの前で何やら早くも盛り上がりを見せている。

男性A「コイツ、全然酔わないからつまんないんだよなー（笑）」
男性B「酔った風の演技はできる」
男性C「んじゃ『ほろよい』入れとく？」
男性B「3％だとムズい」
男性C「何そのメカニズム（笑）」
男性B「1桁だと四捨五入で基本0だから」
女性A「さすがです！　数学博士！」
男性A「え？　コイツ数学得意だっけ？（笑）」
男性C「いや、〝レポート再提出博士〟だから」
女性A「ヤバ（笑笑）。闇の博士だわっ」

男性C「じゃあもう、お前が演技できる酒、アマゾンの欲しいものリスト作って共有しといて」
男性A「欲しい酒リストの間違いだろ（笑笑）」
男性C「じゃリスト作ったら買ってやるよ、オレが」
男性B「さっすがだな、マジ！」
男性A「コイツ今絶対、心の中でそろばん弾いた（笑）」
女性A「人の善意を何だと思ってんの？（笑）」
男性A「心のそろばん教室通っとけ、マジ！」
男性C「んじゃ『ほろよい』欲しいヤツ、ほかにいる？」
女性B「アタシ欲し〜、２つ」
男性C「何色の何？」
男性A「何ちょっと『ヒルナンデス』意識してんだよ（笑）」
男性C「は？　違ぇよ（笑）。南原じゃねぇし（笑笑）」
男性A「で、ユウちゃん、何色の何？」
男性B「じゃあオレは……ミラノ風のドリア！」

男性Ａ「お前にはまだ聞いてねぇよ（笑）」
男性Ｃ「ミラノ風ドリアはなんか違くね？（笑）」
男性Ａ「コイツと笑いは混ぜるな危険だからっ（笑）」
（通路を人が通ろうとする）
男性Ｃ「おい、ほかのお客さんの邪魔だって、お前（笑）」
男性Ａ「ほら、痩せないとこーゆー時に迷惑かけるだろ？（笑）」
男性Ｂ「いや、引っ込めるから大丈夫だって（笑）」
男性Ａ「待って待って、コレ、たった今からダイエット企画スタートでしょ、この流れ」
男性Ｃ「デブとダイエットは混ぜるな危険だからっ（笑）」
男性Ａ「そう！　それ！　コレが正解。んで、さっきのお前のミラノ風ドリアが不正解！」
男性Ｂ「オレはいいけど、ミラノ風ドリアを悪く言うなよっ（笑）」
男性Ｃ「大丈夫、安心して。お前しか悪く言ってないから（笑）」
男性Ｂ「だったら安心だ」

▽▽▽MCのような立ち回りの男性が1人いるのだが、買い物中にMCは張り切り過ぎ。それでは、〝ひな壇〟はと見渡すと、明らかに実力不足の男性がおり、次々と大喜利に失敗し続ける。それを見かねてか、ただの欲しがりなのか不明だが、MC男性も前のめりに笑いを取ろうとしていく。店内の狭い通路で展開されるボリュームとしては、とうに超している。面白くないレベル★★★☆☆

カリスマ美容師

2011年6月某日、午後4時頃。大阪府内某所にある美容室にて。20代前半の男性2人と19歳の男性（私）である。父の転勤に伴い、見知らぬ土地に引っ越して来た私。まだ近隣の土地柄や雰囲気を掴んでいないまま、近所の美容室に入ってしまったところ、それが間違いだったことに早々に気づく。

美容師　「お兄さん今日はどんな感じにしましょう？」

私　「今2か月くらい切ってない状態なんで、結構バッサリいきたいです」

美容師　「まぁ〜かしといてください。さっぱりめで〜！　んじゃ、サイドとか多少刈り上げちゃってもいいすかね？」

私　「問題ないです」

美容師　「自分、お兄さんで今年〝サマーカット〟10人目なんでつ、まぁ〜かしといてください！」

私　「あ？　ん？？」

美容師　「ところでお兄さん、前回いつぐらいに切った感じすか？」

（シャンプー台へ）

美容師「じゃあタカシ君、シャンプーお願いしていいすかぁ？」

タカシ「かしこまりましたぁ。自分、シャンプー得意なんで寝かせますよ！ リラックスしててくだぁさい〜」

私「そ、そんなに凄いんすか？？」

美容師「彼、期待の新人なんで、まぁ〜かしといて下さい！」

（シャンプー中、当然眠くならない）

タカシ「あれ？？ 途中で起こしちゃいました？（笑） すみません、また次回以降、ガッツリ寝かせますよ！」

（再びカットチェアへ）

美容師「お兄さん、彼女とかいるんすか？」

私「今、浪人生なんで、あんまうつつ抜かしてられない感じすねー」

美容師「留年生なんすか？」

私「あ？　ん？？」

美容師「あれ？　なんかそーゆーのいっぱいありますよね？　種類。浪人と留年と……留学？　意味違うんすか？」

私「……全部言葉が違うので、意味も違いますね」

美容師「浪人生がキャサリン的なヤツですか？」

私「キャサリンはその3つの中だと留学生だと思います。浪人生はオレです」

美容師「あっ！　な〜るほどです！　お兄さんが浪人生、キャサリンが留学生、え〜とあとひとつ……あっ、留年生が『GTO』ってことすよね？」

私「GTOは……知らないすけど」

美容師「あっ〝ヤンクミ〟か！　『ごくせん』が留年生っしょ！」

私「……あーそうですすそうです」

▽▽▽話術も美容師としての技術も、本人の自己評価と大きくかけ離れている。人……しかも自ら振っておいてお客さんの話を聞けないのは、接客業としてかなりツラい。この美容師2人が、互いのトーク＆スキルを褒め合い続けている間は、常連客が増えることはなさそうだ。面白くないレベル★★☆☆☆

4章

集団没入×ズレ型

の面白くない話

狩野英孝

2023年7月某日、午前10時頃。都心へ向けて走る私鉄電車内にて。20代前半の男性2人組である。前日から仲間と遊び倒して、絶賛〝朝帰り〟中のようだ。

男性A　「お前さ、昨日BBQからいたっけ?」
男性B　「おん」
男性A　「どう思った?」
男性B　「どうって……〝あ〜盛り上がってんな〜!〟って感じ?」
男性A　「なんかさ、あの人達に対してさ……お笑いナメんなって思っちゃった自分がいるのよ」
男性B　「……結構キてんだ?」
男性A　「例えばバラエティとかでも最低限の笑いのモラルあんじゃん? 品がなさ過ぎだろアレ」
男性B　「まぁ、わかんなくもない。てかお笑いファンなんだ、知らんかったわ」

男性A「いや、お笑いじゃなくて笑いのオタクって感じでやってる。笑いギーク」
男性B「研究すんの？？　アレか！　よく言う〝笑いのイロハ〟的なヤツね！」
男性A「いや、〝イロハ〟のレベルじゃねぇ。〝ホヘト〟までオレは行くつもり」
男性B「ホヘト……？？　それどこで学べんの？」
男性A「今だと狩野英孝」

▽▽▽普段から仲の良い友達同士なのだろう。ホヘトの男性は、相手に対してかなり心を許し油断している。狩野英孝を参考にしているだけあって、面白くない話にありがちな「聞き手にマウントを取りたい」といった魂胆は見えない。しかし笑いに縛られ過ぎたあまり、スベり続けてしまった悲しいケースだ。周囲の人間に不相応なクオリティを要求してる一方で、自分には笑いの物差しを当てられていない。そこから抜け出せない時点で、話し手自身の行き詰まり感が溢れている。ただこの聞き手も聞き手。「ホヘト」に対して一切ツッコまず、「それどこで学べんの？」は、さすがに野放し確信犯。面白くないレベル★★☆☆☆

ハリーポッター部

2023年6月某日、午後7時頃。埼玉県内某所のファミレスにて。大学生と思われる20歳前後の男性4人組である。4人の中で1人だけ、やけにクールに振る舞っているのだが、どうやら彼だけが彼女持ちのようだ。できたばかりの話題のテーマパークでデートを楽しんで来た彼を、ほかの3人は羨望のまなざしで見ていた。

男性A「お前そういえば、この前の土日、としまえんの『ハリーポッター』行ってたんじゃね？」
男性B「あぁ行ったよ、めっっちゃ良かったね」
男性A「いや、羨ま過ぎるんだけど〜。一緒に行く彼女いる時点で中指だけど」
男性B「いやもう楽し過ぎて、われを失ってドビーのぬいぐるみ買ったもん」
男性C「用途何よ？（笑）」
男性A「お前の彼女、スリザリンだよな。てか、基本スリザリンっぽい女タイプだろ」

男性B「あぁ、かわいい系よりきれい系って感じ？」
男性A「オレ逆にグリフィンドールっぽい子、好きかもだわ」
男性C「えー？　レイブンクローも良くね？　秀才秀才」
男性A「お前は？」
男性D「え？　オレ？　あー……バレー部？　かな」

▽▽▽スリザリンもグリフィンドールもレイブンクローも、すべて『ハリーポッター』の魔法学校に登場するクラスの名称である。そこからの会話大喜利のように進行しているが、矢印は笑いではなく恋バナに向いているという状況。男性Dは知識や経験といった面で、イマイチ会話に乗れずにいたに違いない。その中で、あえてボケることで、この流れを止め笑いに矢印を向かせようとしている。だが、もしもの話で盛り上がる中、リアルな視点を持ち込んでスベってしまい、面白くないというよりも「単純にノリの悪い人」と化してしまった。素直になれない人ほど、面白くない話をしてしまうという好例。面白くないレベル★★★★☆

悪夢の「的な」突っ込み

2017年9月某日、午後1時頃。埼玉県内某所にある『マクドナルド』にて。男子大学生とおぼしき10代後半の4人組である。そのうちの3人が夏休みを利用して、自動車免許が格安&短期間で取得できるいわゆる〝免許合宿〟に参加してきたようで、その思い出話に花を咲かせている。ところが、これから免許を取る予定らしい男性ひとりだけが、どうにもこうにも噛み合わない。

男性A「お前らのとこの合宿どうだった？」
男性B「まぁ格安だったしシャワー狭いのはわかるんだけど、やっぱ飯がなぁ……（笑）」
男性C「あぁ……例のね（笑）」
男性B「タダで食えるのがパスタだけなのはさすがに堪えたわ」
男性D「いや全然イケただろ」
男性B「それマジでお前だけだって、食堂で死んだ顔で食ってたヤツばっかかだったろ（笑）」

男性A「あとせっかく人の作った料理食えるんだから、選びたいよなそこは（笑）」
男性C「マニュアル的な」
男性A「そもそもお前、1年の時から家でもパスタマンだもんな！」
男性D「パスタマンって何だよ（笑）。やめろよ（笑）」
男性B「スパイダーマンみたいに腕から出すんでしょ？　パスタ（笑笑）」
男性D「それならもう延々と口に突っ込んで食うわっ」
男性C「顔食べるアンパンマン的な」
男性B「誇りを持てよ、パスタマン。パスタ足りてないんじゃね？」
男性D「ビタミン足りてる的な言い方すんなよ（笑）」
男性B「ビタミンPだよ、知らない？（笑）」
男性C「ボカロP的な」

▽▽▽会話とは〝流れ〟だ。リズムを刻々と変えながら一定の方向に流れていくものだ。だからこそ、相手の発言に対して相槌を打つ時も、あるいは的確なツッコミ

を入れる時にも、急に方向転換してボケる時にも、会話の流れを把握し共有していることが大切になる。ところが、4人の中で1人だけそうした流れを一切無視して、前からも拾わず後ろへも繋げず、大喜利のようなひと言をボソッと放つ男A。それが切れ味素晴らしいものなら良かったが、すべてが明後日の方向に。彼だけが免許合宿という特殊環境を経験しておらず共有できる情報もないという手持ちの駒がない中で、誰かの言葉を元にボケてウケを狙うしかない状況は、どうしてもピントがズレている上にワンテンポ遅れてしまう。余計に歯痒い。きちんとした息継ぎがしたくなる。面白くないレベル★★★☆☆

ロイホ企画会議

2019年12月某日、午後10時過ぎ。埼玉県内某所にある『ロイヤルホスト』にて。男子大学生とおぼしき5人組である。年末の解放感、そして深夜のノリなのか、これから車を夜通し走らせて京都まで行くようだ。

男性A「いや、ぶっちゃけこの時間から車飛ばすのダルッ！（笑）」
男性B「まぁ言うて無茶だよな（笑）」
男性C「じゃあ、そこまでいうならトランプやる？」
男性A「あえての!?　いやそれはあえて過ぎる、さすがに」
男性D「じゃああえての京都向かわずに、このロイホで『UNO』やる？」
男性A「いや〜UNOはわからなくもない」
男性B「それな」
男性E「じゃあさらにあえて今からスポッチャ行っちゃう？（笑）」
男性A「ごめんけどそれはないわ、ごめんな鈴木」

（…………）

店員　「お待たせしました。こちらフライドポテトでございます」

男性D　「すみません、この辺ってスポッチャありますか？」

店員　「？？？」

男性A　「おい～店員さん困ってるだろ？（笑）　すみません、コイツが……（笑）」

（…………）

男性A　「いやぁーなんかせっかくだし企画絡ませたいよね。せっかく車で京都行くわけだし」

男性D　「インスタライブで中継する？　トークとかしながら」

男性C　「『アメトーーク！』的な何かかね」

男性A　「ナシ寄りのアリだな、それ」

男性D　「どーゆーことよ？（笑）」

男性B「ちょっとトイレ」
(男Bがトイレに行く)
男性E「なぁなぁ、アイツが帰ってきたらオレら喧嘩してるドッキリやらね？（笑）」
男性D「喧嘩ドッキリ？　ヤバ（笑）」
男性C「ロイホで喧嘩ドッキリはヤバい（笑）」

▽▽▽彼らに限らず、「深夜」と「ドリンクバー」という掛け合わせは非常に危険である。居合わせた者達は皆、自分でも気づかないうちに「ここからはオレたちの時間」思想に取り込まれてしまうからだ。独壇場で笑いを独り占めしたい人間は5人の中に1人もおらず、全員で大きな笑い声をあげて、周囲に「楽しいことをしているオレたち」をわからせたいというスタイルは、例えるならばハンドルを誰も握ろうとしないドライブ。コントロールを失った車の行き着く先——それは間違いなく京都ではない。面白くないレベル★★★☆☆

頭脳戦

2021年12月某日、午後9時頃。埼玉県内某所の飲み屋街にて。居酒屋の〝キャッチ〟をしている20代と見える男性5人組である。年末の厳しい寒さの中、何やら懐かしいゲームに興じていた。

男性A「たけのこ、たけのこ、ニョッキッキ！」
男性B「1ニョッキ！」
男性C「2ニョッキ！」
男性D「え？　これ〝木〟じゃなくて〝ニョッキ〟なの？（笑）」
男性B「今更かよ（笑笑）」
男性D「オレ、15年間〝の木〟でやってたわ（笑）」
男性E「1回だけ〝の木〟でやる？　変わんねーだろ（笑）」

（…………）

男性A「たけのこ、たけのこ、ニョッキッキ！」
男性B「1の木！」
男性C「2の木！」
男性D「……だぁあ～ミスった～！」
男性E「金の木!!」
男性A「欲し過ぎ！」
男性E「金玉の……」
男性D「言わせね～よ！」
男性B「男はみんな最初から〝1の木〟だから、お前らさっきから〝1の木〟で始めてる時点でアウトだぞ？」
男性C「んな～に言ってんだよ（笑）。じゃあ初めから、〝5の木〟からスタートか（笑笑）」
男性E「てか〝6の木〟も連れてくる？」
男性C「てかお前、名前の漢字に〝木〟が入ってるから〝2の木〟分だな」
男性D「や～べぇっ、久々に頭使ってるわ今」

男性B「オレ、頭脳戦わりとイケるから」
男性D「データ整理するから、ちょっとタンマなっ」
男性A「アレがあーでコレがこーだからぁ……うし！　ハメれるハメれる罠ハメれるコレ！」

▽▽▽普段縁のない心理戦に浮き足立ってしまった5人。勝負師の如く振る舞っているが、その中身は高校生の「めっちゃ語ったわ」と大して変わらない。ここで、ドラマ『LIAR　GAME（ライアーゲーム）』のBGMでも流したら、テンションが上がり過ぎて意識を失うまである。てか、「の木」でやってた人、いる!?　面白くないレベル★★★☆☆

スニッカーズ食うと

2022年7月某日、午後7時頃。関東近郊の私鉄某駅のホームにて。20歳前後の男子大学生5人組である。飲み会か合コンへ向かう途中だろうか、全員、平静を装いながらも〝飲み会前〟独特の高揚感に包まれていた。

男性A「コイツ、『スニッカーズ』食うと米津玄師になるんだよな……な？　な？」
男性B「うん？……うん？？」
男性A「空気、空気。読も？」
男性B「（米津玄師のテイで）あーやっぱ唐揚げには〝檸檬《レモン》〟かけるよな〜」
男性C「……おいおい、檸檬いく前に前髪で目隠すとか先にあるだろ、色々！（笑）」
男性B「いや！　これが限界だから」
男性A「じゃあ次お前な」
男性D「は？」
男性E「そうだよ、実はさっきお前を待ってる時、全員『スニッカーズ』買って食ってたから。あとお前だけだよ」

男性D「わかったよ、え〜と、どうやんだっけ。〝オレ、コーヒー飲むと〜目がガン決まるんだよな〜〟」
男性C「体質？」
男性A「血筋？」
男性B「いや、ちょそれ以前に自分から発信してくパターン!?　初じゃない？」
男性E「こーゆーのフリとオチがあって成立するんだけど、その辺大丈夫か？」
男性D「いやお前らも最初気にせず体質とかツッコんでただろ（笑）」
男性A「そりゃオレら、すでに『スニッカーズ』食べてるから当然だろ」
全員「おぉ〜〜（その場で謎の感動）」

▽▽▽面白くない話をより輝かせるのは、「自分達はお笑いのノウハウをわかっている」と匂わせる態度だ。今回で言うと「その辺、大丈夫か？」である。最終的に面白さよりも伏線回収で沸く彼らには、まだ助けが間に合うはずだ。面白くないレベル★★★★☆

日本の希望

2022年1月某日、午後3時頃。埼玉県内某所の『ドトール』にて。専門学生の20代女性2人組である。彼女達は周りも含めてSNS界隈では、それなりの人気とそれなりのフォロワーを抱えているらしく、一流インフルエンサー、あるいはクリエイターよろしく今後のビジョンについて語っている。

女性A「これ以上フォロワーさんを増やさない。〝魚拓〟とかで残んじゃん?」
女性B「それな。てかワークショップのこと、まだオフレコだから」
女性A「あの子主催で、参加者は何目当てで来るんだって話もあることない?(笑)」
女性B「お前結構言うな(笑)。〝お古〟とか、もらえるんじゃない??」
女性A「パパ(笑)に買ってもらってる時点でお古、てか汚れてるから(笑)」
女性B「でも言ってたよ、〝自分のワークショップって、なぜかファンイベントみたいになっちゃうからそーゆーノリやめて欲しい〟って」
(2人同時に)

女性A「面白しれー」
女性B「面白くねー」
A&B「（爆笑）」
女性B「いや、1ミリも面白いって思ってないテンションやん（笑）」
女性A「面白いと思わきゃ、あんなんと付き合ってらんないからっ（笑）。こんなん序の口だって」
女性B「あー……深く聞かないでおく（笑）」
女性A「それ正しい判断」
女性B「てかさ、アイツらすぐアナウンサー希望か声優希望か聞いてこん？」
女性A「あれマジウザい。ウチら若者は日本の希望だっての（笑）」
女性B「は？（笑） じゃあそれで答えなよ（笑笑）」
女性A「〝声優じゃなくて日本の希望です！〟って？ 頭おかしし過ぎでしょ（笑）」
女性B「日本コースとかないから(笑)。やめて！(笑笑) 日本コースはヤバイ(笑笑)、死ぬ（笑笑）」
女性A「あんた発想だけでコメディコース開けるよ（笑）」

▽▽▽女性同士で面白くない話をし合う構図は比較的珍しい。この2人は普段いるグループやサークル内で、男性の面白くない話やノリを「ウチら全員キャラ濃くない?」的な立ち回りで、さらに面白くなさを増幅させるポジションにいるに違いない。そういう人間は、少人数になると「この前、みんながいる時は言わなかったけどさ」「内心、アレはないと思ってた」など毒舌トーンで自ら面白くない話を始めることが往々にしてある。自称・面白キャラと自称・毒舌キャラはメカニズムが似ているといえる。というのも、悪口は面白くない話同様、話し手の判断能力を下げる傾向があり、どうしても客観視しづらくなる。同時に、シュールやカオスという表現や空気感に頼りがちになって、そういう自分達へのジャッジは甘くなる傾向がある。面白くないレベル★★★★☆

コロンブス…？

2024年2月某日、午後2時頃。都内某所のカフェにて。20歳前後の女性3人組である。どうやら、そのうちの1人が彼氏に浮気をされてしまったらしい。相手に動かぬ証拠を突き付けようとしているのだろう。SNS上を友人総出でパトロールして、状況証拠集めに必死である。

女性A「てかウチ、親友《したとも》入ってないからそれ送っといて」
女性B「バラバラになった地図をひとつにする作業だね（笑）」
女性A「もはや探偵でしょ、コレ」
女性C「そんな楽しいもんじゃないよ」
女性B「で、完全にアリバイ崩したらどうすんの？」
女性C「は？　ぶっつ殺ンブス！」
女性A「怖ぉっわ！」
女性B「世界一周してんのウケる（笑）」

▽▽▽女性が〝明らかなギャグ〟を女性が口にするパターンは、10年以上の収集歴の中でもかなり珍しい。「ぶっっ殺ンブス」の女性は、怒りからの「何言ってるか自分でもわからない」状態かもしれない。友人の前では負の感情を押しとどめようとしてギリギリ間に合ったユーモアであり、笑いを取ることを目的としないことは間違いない。ちなみに、人類史上初めて世界一周を果たした冒険家は、コロンブスではなくマゼランである。面白くないレベル★☆☆☆☆

笑いの血筋

2024年3月某日、午後12時過ぎ。埼玉県内某所のとあるカフェにて。20代前半の女性2人組である。恋バナに夢中の彼女達、今日のテーマは〝男性との適切な距離感〟。男女の距離感は、どの世代にとってもなかなか難しい。

女性A「〝オンナ出しませんので安心して下さい〟みたいな」
女性B「絶対に持ち込ませないのはホント賢いとこだよね」
女性A「でも私が欲しいモノを持ってるのは、〝オンナ出すから思考停止してね〟な子達なのよ」
女性B「その思考回路すごいよ、なんかもはや尊敬できる」
女性A「ねぇ聞いて？　血は流れてるはずなのよ、ウチ。この前、お母さんからお父さんと買い物中の写真が送られてきて、〝実写版パパ活〟って（笑）。ヤバくない？（笑）」
女性B「それ笑いの血、入ってるから（笑）」
女性A「実写版恋のキューピットで心臓貫くよ？」

▽▽▽母親が元ネタである〝実写版〟という言い回しを言葉通りの意味合いで受け取ってしまうと、ズレが生じてしまう。聞いていた女性も、その場で冗談の構造がわからなかったのか、「笑いの血」と流れには逆らわないが曖昧な返しでやり過ごそうとしたようだ。しかしその判断は災いする。「実写版恋のキューピット」というテンドンなのか、「笑いの血じゃなくて、オンナの血だよ!」という解釈間違いへの抗議を込めての〝コ●スよ?〟の意味なのか、判断できないカウンターを食らう。彼女のように、面白くない話に対してどちらの場合でも大丈夫な反応を示してしまうと、その分、話がさらに枝分かれしてしまい、大概、聞き手側が話の筋を見失うことになる。会話の距離感もまた難しいものだ。面白くないレベル★★☆☆☆

奇跡の食材

2024年1月某日、午後3時過ぎ。都内某所にあるカフェにて。20代前半の女性4人組である。恋バナに花を咲かせているのだが、そのうちの1人はアニメの世界、いわゆる〝2次元〟の男性しか恋愛対象にならないという。

女性A　「次元みたいな男じゃないと無理」
女性B　「それ変えないと彼氏できないよ？」
女性C　「こっち戻ってこい？」
女性D　「現実はもっと色んなキャラいるから。ビュッフェだよ？」
女性B　「いつまで奇跡の食材求めるつもりなのよ？」
女性C　「次元はガラスの中のディスプレイだから」
女性A　「でも突き指しても触れたいじゃん」
女性C　「ダメ、この子、お花畑だ……」
女性B　「痛みが快楽なわけ？」
女性D　「ちょ（笑）、言い方（笑）」

女性Ｃ「痛い目見てもわからないって」
女性Ａ「でも前の彼氏、コナンの灰原めっちゃ好きだったわ」
女性Ｂ「アンタ灰原？」
女性Ａ「声低ぃ」
女性Ｂ「寄せたの？」
女性Ｄ「去年『ａｎａｎ』表紙だったことない？」
女性Ａ「『オレンジページ』で奇跡の食材特集とかない？　ねぇ、ない？」
女性Ｃ「だから、してんの３次元の話！」
女性Ａ「え？　次元３人いるの!?　神じゃん！」
女性Ｄ「あたたたたた」

▽▽▽会話の内容に故意に捻りを加えるというより、頭に浮かんだものをそのまま口にした結果、冗談となっているパターンだ。しかし何故か、終始第三者を意識した小芝居のエッセンスを混ぜ込んでおり、また、女性同士の会話の場合、男性同士

に比べて、周囲に向けて意図的に声を大きくしてアピールはしないが、わざわざ声のボリュームを下げることも決してしない、という傾向が強いため4人も無駄にサムい印象になってしまった。人のボケを空振りさせずに流すことが多いことも女性の典型だ。にしても、「あたたたた」をスルーは可哀想。防げた事故である。面白くないレベル★★★★☆

超高速移動

2017年6月某日、午後1時過ぎ。都内某所の繁華街のゲームセンター前にて。20歳前後の男性3人組である。ゲームセンターから出てきたところ、梅雨時の不安定な天候に対して、テンションを定められずにいる。

男性A「え？　降ってね？」
男性B「降ってる降ってる」
男性C「いや、お前はフられたでしょ」
男性B「フったのはコッチでしょ。2か月前の話だよ」
男性A「降り注いでるコレに言ってんの」
男性B「てか傘持ってねー」
男性C「モテないでしょ」
男性B「うるせーよ！　お前もだろ」
男性A「その反射神経ダルい」
男性B「（避ける動作）雨避けれるでしょ……ちょっと今日の雨速いわ……！」

▽▽▽途中までは無理せず大振りせずテンポの良いラリーが続いたが、荒い口調に変わった頃合いで、あくまでトークの飛躍のつもりが無茶振りと化してしまった。それまでの無事故の流れが一気に台無しとなった。結局人は、どこかで大サビを作らないと手応え——生への実感を感じられない生き物なのかもしれない。面白くないレベル★★★☆☆

今年いくつなのよ？

2023年7月某日、午後3時頃。都内某所のコンビニ駐車場にて。20代前半の男性3人組である。夏の暑さも相まって気だるい空気が流れる中、3人のうち1人は煙草を、残り2人はエナジードリンクを片手に空を見上げながら、モノの適正価格について何やら話し合っている。

男性A「〝勉強代〟って何？」
男性B「祭りの屋台とか」
男性C「〝お祭り価格〟じゃん」
男性A「そんなこと言ったらトルネードポテトとか何の意味もねぇよ」
男性C「そーゆー理由のないものが子どもは好きなんだよ」
男性B「いや、今年いくつなのよ？」
男性A「1歳だよ」
男性B「〝一の位〟な、それ」
男性A「今日冴えてるな！」

男性B「誰のせいだと思ってんだよ……」
男性A「理由のないものは子どもが好きなんだろ？」
男性C「誰のせいでもないよ、オレもトルネードポテトも」
男性A「急にエモくなるのやめろって」
男性B「気持ちが追いつかねぇよ」
男性C「走れよ！」

▽▽▽決して大振りではなく、曖昧なテーマを掘り下げたい気持ちだけだったのだろう。「冴えてる」と褒められた後の「誰のせいだと思ってんだよ……」のやれやれ感が薄らサムかったところから急に雷雲が出現。上手く例えに落とし込めず、諦めて何かの役に入り込んでしまいポエム路線に走ってしまった。「エモい」は、中途半端に進めてしまった現実とおふざけの世界線を上手く誤魔化す面白くない話の救済表現でもある。面白くないレベル★★☆☆☆

額縁の外世界

2017年8月某日、午後1時頃。都内某所にある公園にて。20歳前後と思われる男性4人組である。著名なデザイナーの仕事なのか、モダンにデザイン、きれいに整備された園内で、手持ち無沙汰からか、1人が上着のフードを被ったことから話が始まる。

男性A「こいつフード被るとモナリザなんだもん」
男性B「巨匠だから、すまん」
男性C「お前ら知ってる？　海を背景にさ、額縁当てて写真撮るやつ。オレ、あれ好きなんだよね」
男性A「モナリザが見えるの？」
男性C「いや関係ない。ちゃんとそーゆーシリーズがあるんだって」
男性D「あの手足がこう360度回ってる図は？　あれダ・ヴィンチだっけ？」
男性A「結局あれって何なの？」
男性C「人体の真実でしょ、ダ・ヴィンチ・コード」

男性Ｂ「この前、それのパズルがメルカリでバカ高く売ってるの見たぞ」
男性Ｄ「その謎解きとは違くね？」
男性Ｃ「さっきのオレの言った海に額縁シリーズもパズルになってたわ！　海外サイトで見た！」
男性Ａ「いや、それ最早ただのオシャレな景色じゃん。芸術関係ないだろ」
男性Ｃ「それは言い過ぎだろ」
男性Ｄ「手足が３６０度やってろよ」
男性Ｂ「額縁の外世界に金払う価値ある？」
男性Ｃ「ほら、なんか芸術評論家が来ちゃったよ、コレ」
男性Ａ「まずはフードを取りたまえ」

▽▽▽終盤まで明確に笑いを取りにいく動きは見られないものの、フワフワと続く冗談ノリ。我慢大会の様相の中、耐え切れなかった1人が口走ってしまったのが「ほら、なんか芸術評論家が来ちゃったよ、コレ」である。「ほら」が仲間４人の空

間を飛び出して、まるで観客がいるかのような口調だ。そして、語尾に据えた「……ちゃったよ、コレ」の〝やれやれだぜ〟感が最高のトスを上げてしまった。強力なチームである。面白くないレベル★★★★☆

変な眉毛

２０２４年５月某日、午後８時過ぎ。都内のＪＲ某駅前にて。20歳前後と思われる男性４人組である。どうやら先輩後輩の間柄であるらしいのだが、遅れてきた１人が待ち合わせに合流するや否や、携帯画面を見せながら「カイルマン」と言う謎の男性の情報を話し出す。

男性Ａ「おっすー、オレ眉毛変？　眉毛変？」
男性Ｂ「え？　変えたんすか？」
男性Ａ「イッてる？　イッてるっぽい？」
男性Ｃ「どこの子すか？　立川？」
男性Ｂ「カイルマンどれすか？」
男性Ｄ「センター分け、襟足アリ」
男性Ｂ「え？？　これでお嬢と付き合ってたってことすか？」
男性Ａ「眉毛変かな？　イッてる？　イッてる？」
男性Ｃ「カイルマンよりマシっす」

男性A「おい！　マシって何だよ、マジで言ってる？」
男性C「言ってるっす、言ってるっす」
男性B「角度卍っす、卍」
男性A「変じゃねぇかよ！」
男性D「地元クイズする？」
男性A「おん」
男性D「カイルマンの性癖は何でしょう？」
男性A「眉毛変かな？　変かな？」
男性C「カイルマンとタメ張るっす」
男性D「ちなみに答えはギャルです」

▽▽▽面白くない話し手の素質のひとつとして、「どこまでも自分を突き通せる」ということが挙げられるのだが、この4人は全員がそれを完遂しようとしている点が秀逸。話題の収集がつかない状況でも、クイズを出題できる度胸、ナチュラルに

無礼をはたらける無神経さ、何度あしらわれても同じ質問をし続ける根気……が衝突。ここでは眉毛がゴリ押しで話題を通したものの、謎の男・カイルマンに飲み込まれる形となった。面白くない話バトルロイヤルである。カイルマンが何者かは、最後までとうとうわからなかった。面白くないレベル★★★☆☆

オレも知りてぇよ

2016年12月某日、午後2時過ぎ。都内某所にある『ガスト』にて。20歳半ばの男性3人組である。メンバーの1人が、まだ昼下がりだというのに、仲間に何やら真剣な人生相談をしている。

男性A「てか、やべぇわ、もうすぐ25なんだけど……！」

男性B「折り返し見えてきたな〜」

男性A「この場だから聞くけど、今のオレ、何が足りてないんだと思う？　最近マジ考え過ぎてて病んできてさ……」

男性B「山田に？　漢気《おとこぎ》じゃね？」

男性A「〝Ｈｅｙ！　Ｓｉｒｉ！〟漢気って何？」

Ｓｉｒｉ「〝よもぎ〟の検索結果を表示します」

男性A「おい、ざけんなってＳｉｒｉ！（笑）　オレの人生について聞いてんのに、何よもぎのＷｉｋｉ開いてんだよ（笑）」

（3人目が合流）

男性A「お疲れーっす、てかオレのＳｉｒｉがクソ生意気なんだけど」

男性C「あん？　何？　オレ腹減ってんだけど」

男性A「よもぎのＷｉｋｉ開いてくるんだよ！」

男性C「え？　よもぎ？　デザートだろ。てかココ、よもぎあんの？」

男性A「Ｓｉｒｉにさ？　足りてないものについて聞いたのよ」

男性C「よもぎが足りてないって何？」

男性A「それはオレも知りてぇよ（泣）」

男性C「何何？　何が言いたいのかさっぱりわかんねぇよ（笑）」

男性A「結論よ？　佐藤的にオレに足りてないものなんだと思う？」

男性C「え〜？　人生経験？」

男性A「やっぱ佐藤も、よもぎだって。マジ勘弁して下さい〜」

▽▽▽Ｓｉｒｉの絶妙な〝聞き間違い〟をチャンスとみた男性Ａは、会話を放棄して〝聞き間違い〟という事故を周囲に見せびらかしだす。ところが、すぐに〝聞き間違い〟ではなく、もうよもぎ自体のほうが面白いと上書きされてしまったことで、急速に収拾がつかなくなっていく。このように予期せぬ面白いイベントが起こった時、当人の嬉しさのほうが前面に出てきてしまうのは興醒めである。面白くないレベル★★★★☆

封印

2016年8月某日、午後3時過ぎ。都内JR某駅の改札にて。40代半ばと思われる男性と30代前半の男性の2人組である。直前までビジネス交流会のようなものが催されていたらしく、その席で顔を合わせたらしい。

男性A「あ、名刺渡しとくよ！　まだだったよね？」
男性B「ありがとうございます！　すみません、自分名刺切らしてて……」
男性A「いいの！　いいの！　オレみたいにパッとしないヤツには必要だけど、一番の名刺って顔だよ！」
男性B「いや……！　とんでもないです、すみませんホント！」
男性A「あと、アカウントも教えてもらったし！　うん！　いや〜こーゆーの忘れずにしっかりしてないと、いつララバイになっちゃうかもわかんないからね」
男性B「いやっ本当です本当です！　ここから何かに繋げたいと思ってるので、ぜひとも！」

男性A「まぁお互い、このまま突き進んで合流しましょう！　ララバイ封印で！」
男性B「ぜひ！　封印しましょう！」

▽▽▽ビジネスシーンでしばしば口にされる「一緒に何か面白いことしましょう」の派生形である。若手の男性が流されることなく頑なに「ララバイ」を口にしないところに、さっき会っただけの年上男性に一切心を開いていないことが表れている。別れ際ということもあり、バッサリとしたあしらい方も特徴的で、すでに作り笑いの裏で年下男性の中では、年上男性に対する格付け、あるいは線引きはすでに終わっているのかもしれない。それくらい受け手である年下男性のディフェンス能力は高かった。ついでに言えば、こうした場で生まれる「一緒に何か面白いことしましょう」が実現されることは、「今度飲みに行きましょう」と同じくらいないだろう。
面白くないレベル★★★★☆

あの子の目的

2017年8月某日、午後1時過ぎ。埼玉県内某所にある『スターバックス』にて。大学生と思われる20代前半の女性2人組である。ゼミ仲間でもある友人のインスタの投稿が、どうにもスルーできない内容だったらしい。

女性A「あの子の〝ご飯屋さん1人歩き〟って投稿、ホントに1人？　って」
女性B「それ触れたらすべてが終わるよ？」
女性A「終わらせたい自分もいるのよ」
女性B「チエまで破壊神になるのやめて(笑)。ゼミの収拾つかなくなるから(笑)」
女性A「コメントしないかな？」
女性B「匿名でできたらな〜。捨て垢はなんかダメだわ」
女性A「わかる。そこまでするほどでもないのよ。でもモヤるんだよな〜」
女性B「目的がわかんないのがイヤ」
女性A「何でやってるの？　自分探し？」
女性B「いやっ、ご飯に自分いるワケない！」

女性A「米粒ひとつひとつ確認してるかも」
女性B「それはない。案外あの子、面倒臭がりだから基本麺選ぶ」
女性A「スープに映った自分見てハッとするのかも！」
女性B「絶対盛れてないでしょ、角度」
女性A「スープで自撮りしたら、もう全部許すわ、あの子のこと」
女性B「もしくは、〝スープ飲み干した器の底に本当の自分を見つけました〟って」
女性A「器、空《から》やん」
女性B「真実やん」
女性A「よし、ラーメン屋おびき出そう！」

▽▽▽彼女達にとって、会話は〝テンポが命〟。謎を突き止める考察も、一切追い越していく。そのドライブ感の中にも、「破壊神」という言い回しや「ご飯より麺」など、蛇足的ユーモアが散りばめられているところに、手癖が出ている。スピードを出し過ぎて本題トピックまで置き去りに。面白くないレベル★★☆☆☆

ひろゆき、オレの1個下だで

２０２４年５月某日、午後３時過ぎ。埼玉県内某所の『ドトール』にて。40代後半の男性と20代前半の女性の２人組である。才能を剥ぎ取られてしまった鎮座ＤＯＰＥＮＥＳＳのような風貌の男性が、新聞を大きく広げてコーヒーを飲んでいる横で、女性がすっかり狭くなってしまったテーブルで資格勉強をしている。どうやらこの２人、親戚関係であるようだ。

男性「そう言っとった、ひろゆきが。アイツ、オレの1個下だで。世代同じなんだわ。もしお前が頑張って〜そこ目指すんならだけど……」

女性「えぇ〜そこまで頑張れない。いや〜向いてないな、勉強」

男性「マウスでカチカチやってたほうが向いてるんじゃない？」

女性「あとさー、最近タバコ吸えるとこも少なくなってきたし。シーシャ？　水タバコってわかる？」

男性「あぁ個人経営のとこね？　この前会った時に言おう言おう思っとったんだけど、あれ、ポケット六法とかいいよ。あ、でも最新のがいいか、このタイミングだと」
(ここからお互いが同時に話す)
女性「YouTubeで誰かもそれ言ってたかも。でも、これ以上手をつけてもなぁ〜って」
男性「オレはポケット六法をさ、電話しながらこうやってずっと読んでたけど、首痛くなってやめた。オレは首痛くなってやめたね」

▽▽▽お笑い要素は皆無のこのやりとりもまた、面白くない話である。意識高い系トピックに興味はあるものの、お互いがストイックではない、という構図は面白くない話と実はまったく同じであるからだ。親戚でもある上、女性が〝ながら作業〟のためかお互い大振りこそしてこないが、絶妙に自分に分がある知識でマウントを取ろうとしている。それが、終始知ったかぶりが飛び交う、という状況を作り出した。面白くないレベル★★★☆☆

TOKYO

２０２３年５月某日、午後２時過ぎ。都内渋谷駅前にあるハチ公前にて。待ち合わせ風の20代後半の男性３人組である。かなりの人混みを掻き分けながら何とか合流できた安堵感からなのか、はたまた単に久しぶりの再会だったからなのか、３人とも少々テンションが高い。

男性Ａ「クロールですか？」

男性Ｂ「いやもうっ田舎者にとっちゃ、たまったもんじゃないよ～（笑）」

男性Ｃ「なーんも言えねぇ」

男性Ｂ「川だよコレ！　目の前にいるのに辿り着けないかと思ったよ！」

男性Ｃ「なんも言えねぇ」

男性Ａ「今日はこれから、本当の都会の洗礼受けてもらうんで覚悟のほうを……（笑笑）」

男性Ｃ「優勝インタビューじゃないんだからさぁ」

▽▽▽待ち合わせの合流直後というのは、話題の共有もできておらず会話の波長やトピックが十分に定まっていないものだ。そうなると狙い通りの笑いは取りにくい。その中で各々自分のアクセルを踏み込んで発進するだけ発進してしまい、互いのボケにまで気が回っていない。一見すると、オリンピック競泳金メダリストの北島康介を一点突破で被せ続けている男性がなかなかに思えるが、実は「都会の洗礼受けてもらうんで覚悟のほうを」の、何とも言えないネチっこさのほうが味わい深い。
面白くないレベル★★★☆☆

闇バイト

2016年11月某日、午後6時頃。都内私鉄某駅の構内にて。20代前半の男性4人組である。メンバーの1人が背負っているリュックサックに、ちょっとした異変が起きたようだ。

男性A「おい、またリュック開きっぱ！」
男性B「オレの本、丸見えじゃねぇか」
男性C「テイクフリーでーす」
男性B「フリーペーパーじゃないから。安くないよ？　コレ」
男性D「バイト探せんの？」
男性B「誰がホットペッパーじゃ」
男性C「へぇ〜デザイン変わったんだな」
男性B「？？？」
男性C「いや、ホットペッパー」
男性B「だから誰がホットペッパーじゃて」

男性A「もう閉じてやるから、止まれ」
男性D「閉じたら応募来ないやん」
男性C「闇バイト？」
男性D「紹介制か」
男性C「オレの暗黒時代のバイト話聞く？」
男性B「闇が深い話はいいわ」
男性D「え？　てかお前、何のバイトしてん？　今」
男性A「リュック閉じるバイト」

▽▽▽面白くないという観点で言うと、とてもいい仕事をしているのは「紹介制か」である。このまったく意味のない話題の横スライドによって、大喜利のハードルが一気に下がっている。結果、後続の発言者を安心&過信させてしまった。普通に開いていたチャックを締めるだけで、このくだりは集束していくはずなのだが。彼の粘り腰は何かスポーツに向いているかもしれない。面白くないレベル★★★☆☆

HANA

２０１６年４月某日、午後２時過ぎ。愛知県内を走るＪＲの電車内にて。20歳前後の男性４人組である。傷心している友達を励まそうとしているのか、話のタネにしようとしているのか。

男性Ａ「確かにお前はフラれた。それは事実もう……でも、選ばれたのは『綾鷹』でした（ペットボトル見せながら）」
男性Ｂ「お茶までオレを傷つける？（泣）」
男性Ｃ「それって『世界にひとつだけの花』と反対意見だよな」
男性Ｄ「花と茶葉って違うから」
男性Ａ「花になれ村田。てか華がないよ、華が」
男性Ｂ「鼻あるよ。２つもいらんて」
男性Ａ「違う！　はぁなっ！」
男性Ｃ「世界にひとつだけの鼻？」
男性Ｄ「てか、花粉症マジでキツいんだけど！」

男性C「薬飲んでんの？」
男性D「なんか親のヤツ分けてもらってる。もう取りたい、この鼻……」
男性A「良かったじゃん、村田もらえよ！」
男性B「嫌だよ、コイツの鼻低いやん」
男性D「何でオレ急にディスられてんの？　あげないよ？　鼻」
男性B「だから2個もいらんて鼻」
男性A「違う！　はな！」
男性C「マジでカオスなんやめろて、お前ら（笑）」
男性A「この『綾鷹』も怖がってるから！（ペットボトル見せながら）」
男性D「ん？　オレの『いろはす』は平気みたい」

▽▽▽〝ヤマザキ春のパンまつり〟と同じレベルの絶対的笑いの信頼を、綾鷹にも寄せているあたり、ひとクセもふたクセもある。「この『綾鷹』も怖がってるから！」が前のめりにウケを狙ってド空振りした直後、間髪入れずに勘違いした『いろはす』

が平静なトーンでボケるくだりは、〝笑いの緩急、わかってる〟然としていて、面白くない話し手一団としては相当に高いポテンシャルを感じさせる。ついでに言うと、自分で「カオス」と言う人の話で笑った経験はない。面白くないレベル★★★☆☆

そんなキャラじゃなかった

2023年10月某日、午後3時過ぎ。埼玉県内某所のカフェにて。20歳前後とおぼしき男性4人組である。昔からの付き合いだった友人にどうやら知らない一面が見つかったようだ。

男性A「ハロウィンなんかするの?」
男性B「一応サークルの先輩の家で、みんなで飯食うことにはなってるけど詳細来てないわ」
男性C「え? ハロウィンに便乗するのか? そんなキャラじゃなかったろ!」
男性D「変わっちまってよ…悲しいよ、オレは……」
男性B「いや誘われただけだよ。んな大袈裟な」
男性A「まぁ、レンタルルームとかオシャレ空間じゃないだけ安心したわ」
男性C「レンタルルームって何?」
男性A「知らない? なんかそーゆー満ち足りたい人達が使う部屋」
男性C「何じゃそら?」

男性D「あーゆーのって、辿れば〝ラブホ女子会〟とかの延長戦じゃない？」
男性C「ごめん、余計にわかんない。見えないよ」
男性A「オシャレ空間のコスプレがレンタルルームと思ってくれればいいよ」
男性C「カリソメの世界だなぁ～」
男性D「お前のコスプレして、その先輩の家行っていい？」
男性B「いや、似てねぇからオレら」
男性A「じゃあさ、その先輩の家でやるハロウィンパーティーを、まんまレンタルルームで再現するからこっち来なよ、友よ」
男性D「なぁ友よ」
男性A「散々高校で遊んだろ？　オレら。ハロウィンなんて見向きもしてなかっただろ？」
男性D「友よ。変わったな」
男性A「誰かのコスプレか？」
男性C「所詮友達のコスプレだったのか……」
男性D「友よ……」

▽▽▽哀愁漂うはずの呼び掛け「友よ」が、全体的な会話の薄っぺらさのせいで、哀しさではなく悲しさで終わっている。審議にかけられた〝ハロウィンへの便乗〟というリア充行動に対して、非リア充だという説得の中に笑い要素を入れようとしているが、さしてルサンチマン的捻くれたユーモアで物議を醸すわけでもなく、終始退屈で平穏な空気が漂っている。ただコントラストの弱い会話の中でも、確実に小芝居のスイッチを入れているあたりが厳しい。面白くないレベル★★☆☆☆

翼をください

2024月4月某日、午後9時頃。埼玉県内某所の『マクドナルド』にて。20歳前後と思われる男性4人組である。どうやら罰ゲームの詳細を詰めようと話し合っているようだ。

男性A「一旦、コイツがどこの滝行に行くかダーツで決めよう」
男性B「うん、それがいい」
男性C「じゃないと話が始まらん」
男性A「場所変えよ」
男性B「スポッチャ？　カラ館？」
男性D「ダーツのためにそこまでする？？」
男性A「いや勿論それだけじゃない。1人ずつ餞別の歌を」
男性D「あ、これ明日からもう行く感じのヤツだ？」
男性C「ワンチャン、夜行バスだったら今日かな」
男性D「人の皮を被った悪魔だな、お前ら……！」

男性B「安心しろ、『翼をください』はマストで入ってってから」

▽▽▽どこか所さんの『笑ってコラえて』〝ダーツの旅〟と『水曜どうでしょう』をくっ付けたような、きちんとした悪ノリである。人は〝勘弁してくれよ〟なリアクションの時に、ついつい驕りやすい。この罰ゲームを受ける男性も例に漏れず、「人の皮を被った悪魔」というベタな言い回しを、さも捻ったひと言であるかのように言い放ってしまう。そのベタさを素通りして、解決策とばかりに提示されるのが〝お約束は守るから〟という毒にも薬にもならない、むしろ余計な気遣いである。面白くないレベル★★★☆☆

マジカッケェ柄

2023年3月某日、午後12時過ぎ。都内某所の繁華街にある映画館ロビーにて。20歳前後の男性4人組である。メンバーの1人は、仲間が着ているチェック柄のシャツがどうも気になっている。

男性A「これってQRコード読み込んだら、お前のLINEだったりするの？」
男性B「はい？」
男性C「あぁ〜逆ナン待ちってこと？」
男性D「最近の居酒屋のメニューとか、ほとんどQRだしね」
男性C「先取りか、カッケェっす！」
男性D「いや、マジカッケェっす！」
男性C「あの〜、〝最先端逆ナンパ師〟コードネームQRさんですよね？　サイン下さい！」
男性A「こいつサインもQRだぞ、これ！」
男性C「バァカ痛ぇ!!」

▽▽▽QRコードに対する厚い信頼を感じる会話である。脱線するにしても、あくまでQRを軸にしながら、むしろ〝QRであれば何でもユーモアとして成り立つ〟という考えなのだろう。意識し過ぎるあまり、会話の文脈を飛ばし過ぎてQRが見えなくなるのを皆が恐れている雰囲気も感じる。もうひとつ見逃せない、「コードネーム◯◯」のテンプレートが、こんな咄嗟に出てくる点。彼（彼ら）が持っている引き出しなのだろう、まったく面白くはないが感心。勉強になる。面白くないレベル★★☆☆☆

諸葛孔明

2022年5月某日、午後2時過ぎ。埼玉県内某所にある『松屋』にて。20代前半とおぼしき男性3人組である。どこからか飛んで来た小さな虫が、1人の牛丼に止まってしまった。

男性A「お前さっきの虫食った？」
男性B「夏バテに効くらしいよ」
男性C「これで腹壊したらお前の責任な」
男性B「全責任はオレにある」
男性A「オレ、経営コンサルタントを辞任するわ」
男性C「え？　お前が経営戦略立ててたの？　諸葛亮みたいに、扇子持って指示出してんの？」
男性B「携帯扇風機だなぁ〜そこはもう」
男性A「令和なんよ今」
男性C「アレ、重要なのって風なの？（笑）」

男性Ｂ「乗るしかない！　ビッグウェーブに！　みたいなんあんだろ」
男性Ｃ「ちょっと待って！　流れ変わったわ、今！」
男性Ｂ「お？　来たんじゃね？　天才軍師」
男性Ａ「何が変わったのかオレらに教えてくれよ？」
男性Ｃ「変わったよ？　紅生姜の乾きが」

▽▽▽打ち頃のトスは何回も上がっているが、各々使いたいフレーズがすでにあって、そちらを優先するあまり誰もスマッシュを打とうとしない。そんな膠着状態の中、１人が「ちょっと待って！」と一気に注目を引きつけたまでは良かったが、即席で考えたボケをそっと添えただけでは、いただけない。勇気ある行動ではあったが、面白くなければ何も生み出さない厳しい現実だ。面白くないレベル★★★☆☆

笑いのパン祭り

2022年3月某日、午前11時過ぎ。埼玉県内を走る私鉄電車内にて。20代前半の男性5人組である。〝ヤマザキ春のパン祭り〟にかけた遊びで盛り上がっているらしく、仲間内の誰かが面白いことを言うと5人のうちの1人、山崎氏からポイントがもらえるという。

男性A「お前、次それ言ったら肩にファルコンパンチな？」
男性B「山崎っ！　今の何点？」
山崎「あー……えぇ？　3点とか？」
男性B「結構まぁまぁな点数いったな、おい！」
男性A「山崎様、あざす。てか、家で親が集めてる分と合わせて35点だわ、オレ。トップじゃね？」
男性B「いや本家のシールと合わせるの卑怯過ぎるだろ（笑）」
男性C「てか、本家は何点で皿もらえんの？」
男性D「28点だっつってたぞ」

男性C「送れんじゃん！　送ろうぜ！」
山崎「いやっ、実質シールの点数半分以下だろ、無効だろ普通に（笑）」
男性A「応募シートに点数分のシールと、さっきの〝肩にファルコンパンチ〟とかフレーズ書いて〝3点〟とか書いてけばイケるっしょ！」
男性D「〝ヤマザキ笑いのパン祭り〟じゃないんだから、いくら面白くても通らんだろ（笑）」
男性C「そーゆー戦いじゃないから、アレ。向こうは、ただパン食って集めるだけだから。オレらだけだよ？　こんなとこでシビアな争いしてるの」

▽▽▽〝パン祭り〟パターンの変化形である。笑いを点数化している時点で、「もうオレ達は世間の人と面白さで一線を画している」意識なのかもしれない。単なる内輪ノリを恥ずかし気もなく、電車内で堂々と披露できるのも自信の表れなのだが、直後に「いくら面白くても」と自ら宣ってしまうあたり、過信がこれでもかとばかりに詰め込まれている。凄い会話。面白くないレベル★★★★☆

狙われた学生

２０１６年１月某日、午後９時過ぎ。愛知県内某所にある温泉施設の露天風呂にて。20代前半と思われる男性４人組である。一見、仲良しの友達同士で裸の付き合いを楽しんでいるように見えたのだが、どうやら、そうとも言い切れないようだ。

男性Ａ「この前さ、記念日だったから彼女に指輪買おうと思って。指輪選びの前にＡＴＭ行って、入ったばかりのバイト代全額おろして、んで彼女と合流しようと思ったら、ＡＴＭから後つけられてたっぽくて、財布をスラれて一文無しになったんだよ、マジあり得んくね？」

男性Ｂ「ほぇ〜てか、学生でも狙われるんだなぁ」

男性Ｃ「もう記念日とか、そんな経ったか〜時の流れが恐ろしいわ……つか学生でも狙われるんだな！」

男性Ｄ「ＡＴＭで待ち伏せとかマジであるんだな……怖過ぎだろ……。でも学生なのにねぇ」

▽▽▽全員が全員、スラれたこと自体にリアクションしたりフォーカスを当てたりしていない点に、〝絶対にそこいかねえからな〟という統一された意識を感じる。〝学生でも狙われた〟点を取り上げて話し手に舵を握らせないことには成功したが、線路を変えることはできず何とも言えない空気が湯煙と共に満ちてしまった。人の話を潰したのなら、その後きちんと潰した人間が処理すべき。面白くないレベル★★★☆☆

待ち時間マジック

2017年12月某日、午前11時頃。千葉県内某所にある夢の国にて。20代前半とおぼしき男性3人組である。ハチミツ好きなクマのアトラクション待機列は余裕の90分待ちという長蛇の列。時間を持て余した彼らは、どうにか身になる話へと持っていこうとしているようだ。

男性A「まぁじ寒くね？？」
男性B「まぁじヤバい（笑）。オレですらカイロ貼ってきたからね、マジ小学生以来だわ」
男性C「思ったんだけど、人生の待ち時間ってどれくらいなんだろう？」
男性A「確かにな。睡眠時間を待ち時間に使いたいよな」
男性C「今そーゆーサービス始めたらイケんじゃね？　まだ無いでしょ」
男性B「あーアプリとかで？」
男性A「プログラミングできねーからなぁ、オレら。結局こーゆー話しても、そこで止まるよな、毎回」

男性C「アイデアだけじゃ食ってけないって世知辛い世界だわ」
男性A「ディズニーさんもそーゆー努力はひた隠して、オレらを楽しませてくれるしな」
男性B「まぁ、アイディアも掛け算しなきゃ動き出さないらしいけどな」
男性C「……？？　どゆこと？」
男性B「いや、だからプーさんのハチミツのツボ×アトラクションで、コレとか成り立ってるワケじゃん？」
男性A「確かに、それは言えてる。てか、人生自体が掛け算で成り立ってることね？　人と人が出会ってみたいなことじゃん？　結局」
男性B「いやオレ正直、ここまで生きてきて思ったのは、人生は掛け算と足し算と引き算と割り算よ。この繰り返し」
男性C「要素、多過ぎだろ（笑）」
男性B「まぁ山あり谷ありと同じような意味合いよ」
男性A「てか引き算し過ぎて谷だわマジ、人生」
男性C「安心しろ？　〝ノーマウンテン　ノーライフ〟だから」

男性Ｂ　「マイナスの数字を引き算して、山作ってくしかないからね、人生って」
男性Ａ　「マジ人生」

▽▽▽待機列故に、周囲の目をとても意識しているのだろう、周りに聞こえている前提の必要以上な説明臭さがある。周りが浮かれてるからこそ、自分達は妙な建設的やりとりを行うことで差別化を図ろうとしているのだろう。エンターテイメントを提供する側として「ディズニーさん」呼びで同志扱いする中で挟まれる横ズラしのジョークはどれも薄く、聞いていられないものがある。面白くないレベル★★★
☆☆

1000円ガチャ

2021年7月某日、午後2時頃。都内繁華街の某所に設置された〝1000円ガチャ〟前にて。10代後半〜20代前半と見える男性4人組である。人生初の1000円ガチャに挑むようで、4人全員のボルテージは最高潮に達している。

男性A「主《ヌシ》を当てなきゃ来た意味ないでしょ！」
男性B「別にコレ（ニンテンドー『Switch』）目当てでここ来てねぇよ（笑）」
男性C「覇気だよ、覇気」
男性D「コレさ、思ったけどハズレの棚とか部室に作っちゃう？」
男性C「めちゃ良くね？　それ。まだ誰もやってないんじゃね？」
男性A「1000円ガチャってさ、ハズレが出たとして〝その人にとって何円なのか〟なのよ」
男性C「深ぇーこの遊び！」
男性D「大人の遊びだわ！」
男性B「まだ1回もやってないけどな（笑）」

男性A「さぁ竹内選手、1000円札を今……入れたぁ！」
男性C「覚悟を決めたぁ！」
男性D「1時間バイトで稼いだその1000円！」
（竹内、ガチャレバーを回す）
全員「お？　お？　おお……？？」
（何か変なのが出る）
男性C「……ぅ〜ん」
男性B「コレ……うーん……」
男性A「……で、お前にとっていくらなの？」
男性B「え？　これ？……80円くらい？」
男性A「それ10年後も同じこと言える？」
男性D「そこまで考えた上でのいくらよ？」
男性B「78円とか？　わからん。絶対捨ててるっしょ」
男性A「竹内の1000円でオレらが気づけたことってさ、1000円ガチャは〝バカの壁〟ってことだよな！」

男性B「壁っていうか、フローリングだわ、こんなもん（笑笑）」

▽▽▽1000ガチャは、「失敗すれば一撃で1000円を失ってしまう」というギャンブルさから度胸を示すことができ、さらにハズレた場合でも、ショボい商品から面白さを見い出す力を誇示することも可能という、まさに面白くない話し手にとってかゆいところに手が届く、と思わせてくれる装置である。しかし実際のところは、文脈に一切関係なく出てくるハズレ商品に面白く対応できるだけの〝モノボケ〟能力、ツッコミ力がないことが多く、自らの柔軟性の乏しさを露呈してしまうだけになりがちだ。今回のケースも、面白がるにはあまりにも微妙なモノが出てきてしまい、オチが見つからない。それらしい言葉でまとめて無理矢理〝学び〟に着地させようとしたため、聞いたことのないふにゃふにゃの格言が誕生する。面白くないレベル★★☆☆☆

とりまオレ

2016年12月某日、午後3時頃。愛知県内某所に新規開店した『ローソン』にて。20代前半の男性2人組である。店の前には〝オープン記念〟で着ぐるみのマスコットキャラがおり、お客さんを賑やかに出迎えている。

男性A「昨日もいたよ、アイツ。大変だよな〜」
男性B「お前、知ってた？　着ぐるみの中にも着ぐるみが入ってるんだよ、アレ」
男性A「ん？　んん？　どーゆーこと？」
男性B「いや、だからマトリョーシカ形式なのよ。中にいけばいくほど、どんどん小さくなってく感じ？」
男性A「え？　じゃあ最後どうなんの？　空洞？　人？」
男性B「だからもう最後には……もうこんくらい小さいオレが入ってるよね〜！」
男性A「……あぁ〜、『Lチキ』食いてぇ〜。」
男性B「『Lチキ』の中にもオレが……」
男性A「ちょ黙れて」

▽▽▽面白くない話し手にとって、着ぐるみはペッパー君と同じく反撃してこない相手。どうしてもイジりたくなってしまう対象である。イジる対象として選んだ時点で「もう面白い」と思い込んでしまい、その後の処理、着地をおざなりにしがちである。今回も見切り発車からの間髪入れず再度ノーチャージ発車で事故っている。なんなら着ぐるみ要素をなかったことにして、着地の勢いだけで笑いを取ろうとしている。これはさすがに1回黙ったほうがいい。面白くないレベル★★☆☆☆

ウーハーと昔話

2021年6月某日、午後2時頃。埼玉県内某所のとある県道の道端にて。10代後半〜20歳過ぎの男性3人組である。爆音で音楽をかけながら、これまた爆音でエンジンを吹かす車が彼らの横を走り抜けた直後、見計らったかのように大きな声が聞こえてくる。

男性A「いやぁマジ、デカい音聞くと滾《たぎ》るよなぁ〜！」
男性B「わかるっ！　何か追っかけたくなちゃうもん。〝おぉ〜〜い!!〟って(笑)」
男性A「選曲もあるよなぁ〜！」
男性C「ウーハーっていうんだっけ？　地響きがさ」
男性B「もうグラードンよ」
男性C「〝ゲンシカイキ〟、ゲンシカイキ（笑）」
男性A「オレ的に、さっきのは〝ググラの実〟かなぁ〜」
男性B「ま、ぶっちゃけ、音デカいと会話何も聞こえないよな（笑笑）」
男性C「何のためにデカくしてんだって話（笑笑）」

男性Ｂ「耳も頭も悪いんだろどうせ（笑）」
（すると今度はパトカー通過）
男性Ｂ「ほら、迎えに来てるぞ（笑）」
男性Ｃ「何やらかしたんだよ（笑笑）」
男性Ｂ「昔、めちゃ喧嘩してたらしいから、コイツ（笑）」
男性Ｃ「ウソ乙！」
男性Ａ「いやっ、本当のところホントだからな？　そこは（笑）。そこは訂正させてもらうわ、だってホントだもんっ！」
男性Ｃ「必死になんなって（笑）」
男性Ａ「は？　なってねぇーし！」

▽▽▽〝走り去った車側には一切聞こえない〟ことがわかっているからこその虚勢。内容的には、よくあるイキり系〝チキチキ漢気レース〟だが、今回のように『ポケモン』やら『ワンピース』ネタを絡めてユーモア風吹かせられると、鼻につく。話

がそれ一辺倒になるのを避けるための隠し味としてのユーモアならば、尚更緻密かつ繊細なバランス感覚が求められるのだが。このレースは、もう全員負けている。

面白くないレベル★★★☆☆

直すと死ぬクセ

2023年7月某日、午後7時頃。都内某所の大通り沿いにて。20代半ばと見える男性2人組である。信号待ちをしていると、1人が、もう1人の顔をまじまじと見た後で、遠慮がちに切り出した。

男性A「さっきから気になってたんだけどさ、寝グセどした？　それ」
男性B「え？」
男性A「ちょい撮るから見てみ？　ほら……」
男性B「……うわ、何これ恥ずっ！」
男性A「逆に気づかないのが凄いレベルだろ」
男性B「ぶっちゃけ、電車で〝窓に映ったオレ、結構カッケェじゃん〟とか思ってたわ。死にてぇ」
男性A「死神だったんだろ、それ」
男性B「鎌かな、コレ。もしかして触れるとケガする？」
男性A「いや、直すと死ぬかもよ？」

男性B「鎌増やして戦闘力上げろってことかー」
男性A「〝追い寝グセ〟いっとく？」
男性B「追い追い寝グセすっかー」
男性A「シルエット的に2・5次元俳優ってことだな、いよいよ！」
男性B「コンプレックスを武器にするってこーゆーことだよ！」
男性A「今のお前、子ども達に勇気与えてるよ」

▽▽▽追い寝グセ↓2・5次元俳優はまだ読み取りようがある会話である。ただ相手の「コンプレックスを武器に……」に自分を見失ったのか、面倒くさくなったのか、返しが「子ども達に勇気与えてる」という内容不一致の雑過ぎるものだったところがいただけなかった。とは言え、全体としては2人とも、ちゃんと面白くない話の部類である。安心して欲しい。面白くないレベル★★★☆☆

グラビティ

2024年2月某日、午後2時頃。都内某駅前にある『ガスト』にて。20歳前後とおぼしき男性4人組である。共通の悩み事についてしばらく話し合った後、メンバーの1人が総括しようとすると、突如として雲行きが怪しくなる。

男性A「だからソイツも結局、多様性の世の中に早う対応せいって話でしょ？」
全員「…………」
男性B「え？　今何か言った？」
男性C「ごめん、急に真空になったかと思った」
男性D「〝ゼロ・グラビティ〟だったね、今」
男性A「いや、お前のさっきの電車のも大概だったわ。あれで〝イチ・グラビティ〟くらいだろ」
男性D「0か1かって、全然違ってくるからね？？」
男性B「え？　そういう話に持ってく？」
男性A「オレ、この手の話にはうるさいよ？」

男性D「これはなんだ？　宇宙の話か？　数学的話か？　アート系の話？」
男性A「あえて言うなら、ジャンルにとらわれない話かな」

▽▽▽会話の展開がやたら早く、ちょけた分の処理が追いついてない。もしかすると、投げやりゆえに早くなっているだけかも知れない。このグループに必要なものは、まずリーダーだ。面白くないレベル★★★☆☆

仏様

２０２４年２月某日、午後３時頃。埼玉県内某所の『ドトール』にて。20歳前後の男性４人組である。全員、大学生か専門学校生のようで、みんなで集まって試験対策なのか勉強会を開いている。３人はすでに１時間以上前に入店して勉強し始めていたようだが、４人目だけ、だいぶ遅れてやって来た。

男性Ａ「おはよう〜！」
男性Ｂ「おい、来たよ（笑）」
男性Ｃ「何時だと思ってんのよ」
男性Ｄ「おはようの時間、とっくに過ぎてるから」
男性Ａ「バイトで夕方出勤の時、〝おはようございます〟言うやん、最初の挨拶やで」
男性Ｃ「やで、ちゃうねん（笑）」
男性Ｂ「お前、勉強しに来てんのに〝ポーチ〟じゃん」
男性Ａ「貸してくれるかなって（笑）」

男性Ｂ「意識低っ！（笑）」
男性Ｄ「諦めてゲームしてたほうがいいぞ、もう」
男性Ａ「いやいや、ここからでしょ！」
男性Ｂ「それは勉強してるオレらに失礼だろ（笑）」
（遅れてきた男性が突然、深々とお辞儀をする）
男性Ｃ「ん？　オレら仏様ちゃうよ？」
男性Ａ「礼儀作法からしっかりせなアカンと思って」
男性Ｂ「時間から持ち物まで、すべて欠落してんのよ、キミ」
男性Ａ「大変失礼ながら、教科書と筆記用具のほう、お貸し頂けますでしょうか？」
男性Ｄ「お菓子はレジ行けばあるでしょ」
男性Ａ「かしこまりました、買って参ります……ってオイ！」
男性Ｃ「あれ？　礼儀は？」
男性Ａ「申し訳ございません！」

▽▽▽周囲への〝見せびらかし〟というより、勉強漬けで抑圧されている中に、大遅刻&ヤル気ナシのイジりがいのあるメンバーが突然現れたことにより、急激なワクワク感が発生、周りが見えなくなってしまったことが要因である。ずっと真面目なことばかりしていると、ちょっとしたことでも面白いと錯覚してしまう、という好例である。面白くないレベル★★★★☆

太陽の面接

２０２４年７月某日、午後２時頃。埼玉県内某駅前にある『ドトール』にて。20歳過ぎと思われる男子大学生３人組である。連日35℃オーバー……いや40℃に迫ろうかという異常なまでの酷暑である。３人も、暑さにすっかりやられてしまったらしく、店に緊急避難して来たらしい。

男性Ａ「さすがに暑過ぎるだろ、今年」
男性Ｂ「ちょ、誰か太陽に交渉して来いって、コレ」
男性Ｃ「何て？」
男性Ｂ「〝ご退出お願いします〟って」
男性Ｃ「面接じゃねぇから、コレ」
男性Ｂ「太陽さんの〝ガクチカ〟教えてください」
男性Ａ「申し訳ございません。私、太陽は学校へ通っておりません」
男性Ｃ「いや、設定はシンプルにいけ、シンプルに。こーゆーのシンプルから始めて徐々に乗せてくヤツだろ、普通」

男性B「ご退出してもらっていいですか？」
男性C「は？（笑）入れてくんなってそういうの？（笑）コッチも受けて立つけど大丈夫そ？」
男性A「え？　まだ始まってないと思ってたのオレだけ？」

▽▽▽非常に共感性羞恥を感じるアイドリングである。小学生の頃、ゲーム中に何千回と聞いてきた「今の練習だから、ここからが本番」から、基本的には何も成長しておらず、自意識だけ一丁前になった物悲しさが漂う。少しローテンション、かつ〝こなす〟感じで余裕を見せてくるのもやめたってくれ。酷暑を超える地獄を店内に生み出さないでくれ。面白くないレベル★★★★☆

あとがきにかえて　父と息子

２００７年12月某日、午後7時頃。愛知県内某所にある住宅のリビングにて。一家団らんの食卓を囲んでいるのは、40代の両親と高校生の息子――私の３人である。この、一見どこにでもいる家族の、ごくごく普通の日常風景こそが、私が〝面白くない話〟の世界に足を踏み入れることになった原風景でもあった。すべての出発点となったのは、夕食中にテレビで天気予報を見ていた父である。（天気予報だから当然なのだが）淡々と各地の予報を伝えていくだけの番組進行に、父は物足りなさを感じたようだ。

キャスター　「明日の北海道は大雪です……！」

父　「（私と母の方へゆっくり振り向きながら）……ほぉっっかぁいどおぉぉぉ〜〜〜ぅ」

私　「……え？　え？？」

母　「ハハハハッ！（笑）」

▽▽▽家族と言えども、笑いや面白さには許容範囲が存在する。家族の中で、長いこと私だけがそのラインの外側にいた。イントネーションとアクセントを変えるだけで「面白くなる」と思い込んでいる父を、私はどうしても理解することができなかった――いや、許せなかった。百歩譲って、語尾を上げて「ほっかいどぉ〜ぅ？」とちょけるパターンなら、まだ〝おやじギャグ〟の範疇としてギリ許せたかもしれない。だが父は語尾を上げるのではなく下げながら、渾身のボケへの反応を確かめるように、こちらの顔をわざわざ覗き込んできた。自信満々に。オーケストラの指揮者が、演奏の音が消えていくまでの余韻を聴衆に味わわせるように。まったく、一切、面白くないのに。勤め先ではそれなりに偉い役職に就き、立場上なかなか冗談のひとつも言えないであろう父にとっては、心許せる家族の前では何もためらうことなく思ったことを口に出すことで、ある意味、人としての帳尻合わせをしていた側面もあるだろう。たとえクソほど面白くなかったとしても、私はそれを安易に否定することはできない。そんな父の思いを汲んでか、「笑う門には福来る」とばかり長年受け止め続けている母の笑い声を安易に否定することも、やはり私にはできない。むしろ母は、私の「親父の話は本当に面白くない！」という苦言を〝遅れ

てきた反抗期〟扱いしていたくらいだ。私に精一杯のささやかな抵抗ができるとしたら――この世に散らばる父に勝るとも劣らない面白くない話を収集し、世の中に問い続けることだけだ。面白くないレベル★★★★★★★

著者紹介

伊藤竣泰（いとう・しゅんた）

1991年生まれ。詩人。面白くない話マニア。幼い頃から父親の面白くない話を聞かされてきたことがきっかけで、他人の聞くに堪えない〝面白くない話〟に興味を抱く。大学在学中の2011年頃から本格的に街中で〝面白くない話〟の収集を始め、自らが実際に収集したエピソードをSNS上や同人誌上にて発表。創作や生成AIでは作り出せないリアルな会話の「圧倒的な生々しさ」「ゾワッとする共感性羞恥」が一部活字ファンの間で大きな話題に。最近は〝面白くない話マニア〟としてテレビ、ラジオ等メディアにも出演する。活動のモットーは「面白くない話は、面白い」。

伊藤竣泰 X：@Free_WiFi_1
面白くない話マニア X：@o_Os4

面白くない話事典

2024年10月10日　第1刷発行

著者　伊藤竣泰
発行者　矢島和郎
発行所　株式会社飛鳥新社
〒101-0003　東京都千代田区一ツ橋2-4-3 光文恒産ビル
電話03-3263-7770（営業）　03-3263-7773（編集）
https://www.asukashinsha.co.jp

撮影　岡本武志
デザイン　bookwall
撮影協力　レストランVAN・B

印刷・製本　中央精版印刷株式会社

ISBN 978-4-86410-988-8

編集担当　石井康博